JN409413

삶이 고달프면 사랑도 고프다

삶이 고달프면 사랑도 고프다

조재선 두 번째 시집

작가의 말

2006년 12월 새댁 같은 첫 시집을 내고 바쁜 일상에 묻혀 접어 둔 지 9년째.

자욱한 먼지를 둘러쓴 채 아무렇게나 흩어져 있던 내 천덕꾸러기들을 모아 보았다. 불혹의 나이에 못다 한 공부를 마치겠노라고 일방통보해 버린 날부터 어느 포털사이트 한 귀퉁이에서 꿔다 놓은 보릿자루가 되었는지도 모르겠다. 이제 여기저기 뒹굴던 나의 흔적들을 먼지 닦고 새 옷 입혀 독자들에게 선보이려 한다. 설익고 떫은 게 더러 있어도 그저 수줍은 색시 보듯 어여삐 여겨 주길 바란다.

충남 보령 '시와 숲길'에 있는 조재선 시비(겨울에 피는 바위꽃)

차 례

가을: 가을, 귀소의 계절 앞에서…

겨울: 겨울나무의 반추

사랑과 이별 그리고, 그리움:
내 그리움은 녹슬지 않는다

詩에 울고, 詩에 웃는 삶:

한 번쯤 일탈을 꿈꾸며

예술가곡이 된 詩

봄: 이팝나무꽃

봄을 부르는 소리

오랜 침묵 말을 잊은 계절이
이젠 많이 아픈가 봅니다.

눈보라 속에서도 휘영청 대보름달로 떠
태연자약 지켜보더니 내 귓가에 맴도는 신음소리

나뭇가지에 앉아 두리번대는 새가 되어
알 수 없는 말을 반복하고 있습니다.

오랜 침묵과 머뭇거림으로
안으로 안으로 무너져 내린 그대의 아픈 기억처럼
하루 종일 봄을 찾아 헤매이는 새소리

낯선 겨울의 끝자락에 서서 고운 추억 가슴에 안고
따스한 봄소식 그 목숨 같은 마음 하나 구걸하고
있습니다

목련화

앙상한 가지마다 버거운 꽃망울이 벙근다.
새벽향기에 실눈을 뜨는 목련

아… 잠시 머물다 가자
이 낯선 곳에 내 곤한 영혼
어디든 무슨 상관이랴

앙상한 겨울가지마다 너불너불 초록잎새
새봄을 맞기 전 이슬처럼 머물다 가자

눈물되어 피어 있는 순백의 숨막힘
가녀린 꽃잎을 치마 삼아 둘러친
몸 둘 곳 없는 영혼

정결한 마음 하나 높다랗게 바친다.

이팝나무꽃

이팝나무
하얗게 배부른 계절

무언의 메시지를 보내는
내 님의 손길인가
달그락거리는
그리움의 빈 바리에
모처럼 수북이 담고
허기를 면하라 상을 차렸는가
이팝나무
하얗게 늙어 가는 계절
무언의 메시지를 보내는
내 님의 기다림인가
연초록
녹음 짙은 밥상 위에
소복히 떠 담은 정
따스할 때 함께 나누고파
어서 오라고 등을 켜 두었는가

이팝나무
하얗게 서리 맞은 계절
무언의 메시지를 보내는
내 님의 약속인가
가슴 졸인
그리움의 얼룩
눈처럼 하얗게 씻고
사뿐히 얹어 놓은 소망
풍성히 꽃 피우마
오뉴월에 눈꽃으로 화답하는가

봄은 다시 찾아 오고…

하늘장막이 연둣빛으로 물들고
어설픈 춘설이 마지막 흔적을 지우던 날

군복 입은 동박새
봄을 알리는 전령사 되어 하루가 바쁘다.

꼭꼭 숨어 있던 검은 등걸 속 새순이
뾰족한 촉수를 뻗어 기운을 탐색하고
미지의 세계를 점령할 새 생명들의 몸짓
무모하고, 호기심 많은 그들만의 행진
먹고 먹히는 한 계절이 놓여 있다.

화사하게 꽃단장을 한 야생화마다
어지러운 봄 기운 속에 완수해야 될 사명이 있으니
오로지 한 가지에 몰두한 그들만의 본능전쟁

바람은 쉬지 않고 소슬대며 속삭이고
들녘을 휘감은 아지랑이 꿈길로 나를 잡아끌고

졸졸졸 흐르는 실개천 어서 오라 노래한다.

혼돈의 밀림 속으로 흘러 들어
자신의 색을 고수한 자만이 뿌리를 뻗을 것이니
때로는 죽은 듯한 인내가, 때로는 미친 듯한 열정이
생존의 무기가 되어 자신을 지키리라

나는 지금 천의 얼굴을 지닌 봄 앞에
벌거벗은 신생아이다.

능소화

돌담을 감아 오른 능소화
한낮의 열기에 턱 괴고 요염을 떨더니
어느 날 님 떠나는 소리에
화들짝 돌담 위로 고개를 치켜든다.
어디쯤 가고 있을까
그 뒤태라도 남기고 싶어
가느다란 모가지 쭉쭉 내밀고
미쳐버린 아낙처럼
돌담을 따라 줄기차게 기어 오른다.
이렇게 쉬이 떠날 임이거든
이렇게 흔적없이 떠날 임이거든
내 속속들이 배어 있는
짙은 살내음도 깨끗이 씻고 가련만

다가올 장마빗속에 홀로 살갗 찢어 씻으라
이리 말없이 떠나는가
돌담 위에 창백히 쓰러진 나를
무심한 내 님아…

한 번만이라도 돌아보고 가려무나
구중궁궐 어린 후궁 버리듯
송두리째 나를 무너뜨리고 가는가
숨막히는 여름이 다 가기 전
피고 또 피어 돌담 위에 기다릴 테니
가는 길이 혹여 녹록지 않거든
아무 거리낌 없이 슬픈 눈빛만 안고
바람처럼 달려오소서
길고 긴 여름해가 나를 녹여
나의 생각과 의지도 다 타버릴까 두려우니
정오의 해가 머리 위에 앉아 희롱하거든
지체 말고 돌아오소서, 돌아오소서

오월의 하늘

푸른 하늘바다에
꽃구름 조각배 되어 노닐면
말끔히 잊힌 줄 알았던 옛 추억이
가슴항구 언저리에 살그머니 정박해 온다.

켜켜로 부서져 내리는 맑은 햇살
하늘 해변에 철썩철썩 파도 쳐 오고
굳어졌던 상흔들이 깊은 잠에서 깨어나
묵묵히 슬픈 원망을 껴안을 때
밀려났다 다시 돌아오는 그리움의 파도

푸른 하늘바다
표류하는 꽃구름의 손짓
너울대며 다가오는 맑은 햇살

나는
고이 접어 두었던 아픈 고백을
부서지는 햇살 위에 가만가만 띄운다.

사월

목련이 지는 사월
살신성인한 하얀 순결이
나풀거리는 넓은 잎을 낳아
내게 그늘을 드리운다.

목련은 계절의 첫사랑
봄을 안고 피었다가
변질되는 꽃의 유혹에
자신의 영혼을 허공에 흩뿌리며
질식해 간다.

서서히 잔인한 사월은 지나가고
순결의 그늘 아래 숨은 나는
오지 않을 베르테르의 편지를 꿈꾸며
아지랑이 속내만 힐끗거린다.

아! 너무나 순수한 너는
그리 쉬이 지는 나의 꿈이었나 보다.

도시의 봄

아스라한 스카프
너울대는 플레어 스커트
봄바람은 쇼윈도우를 지나
윙크 던지는 마네킹의 두 볼을 쓰다듬고 있다.
백화점 곳곳에 속을 드러내 놓고 드러누운 좌판
좀처럼 문을 열지 않는 사람들을 향해
몸값을 낮춘 봄 정기세일
여전히 아낙의 쌈짓돈은 호주머니에서
고개만 들썩인다.

원색의 패스트푸드점
단시간에 마음을 사로잡기 위해
맛의 중용을 잃은 햄버거, 샌드위치
혀를 마비시킬 듯 강한 향신료와 청량음료가 즐비하고
째깍거리는 시계추 따라 쾌락의 역치가 조절된다.

바삐 어디론가 서둘러 가는 사람들
살아남기 위해

어딘가에 꽂혀 있어야 하는 작은 부속들
느슨하여 빠져 나오는 날
거리 청소부의 타겟이 되리라

간간이 흐느끼는 도시의 가로수
연초록 물오른 그들의 손은
번뜩이는 말의 칼날에 사색이 된 듯
바들바들 오금을 떤다.

러시아워에 맞춰 도시는 심하게 출렁거리고
한 치의 흐트러짐이 없는 사람들의 위치
꽉 끼여 들썩일 수도 없는 좁은 반경
봄은 필경 내 마음속에 도를 닦으러 왔는가

설레이던 동심의 봄은
단거리 선수처럼 잔뜩 상기되어
가쁜 호흡을 몰아 쉬고
우뚝우뚝 하늘 높이 솟구친 마천루만
봄의 기운을 킁킁대고 있다.

꽃비 내리는 봄

나를 찾지 말아 주세요.
나는 뒷산 넓적바위 아래
잠시 쉬고 있는 들꽃입니다.

나를 찾지 말아 주세요.
나는 인적 끊긴 해변가
잠시 밀물에 휩쓸린 빈 고동입니다.
인생사 구비구비 골짜기마다
차고 넘치게 채워질 시간
그 세월에 깊이 묻히는 날
나는 그대에게
그저 무심이 흐르는 강물이려니

나를 찾지 말아 주세요.
나는 하늘 보고 웃는 들꽃의 넋두리로,
밀물을 기다리는 빈 고동의 울림으로,
잠시 머물다 가면 그뿐

그대,
초록숲이 깊이 잠든 밤
꽃비 따라 먼 여행을 떠나는 나를
잠잠이 헤아려줄 수 있는지요.

가끔씩
우리의 짧은 인연 추억하려면
그대 너무 아프지 않게
그리고, 내가 많이 미안하지 않게
그렇게 보내줄 수는 없는지요

넝쿨장미에 사랑을 실어

눈부신 여름
까만 돌담 위로 길게 드러 누운 줄장미
하나둘 아카펠라 합창이라도 하듯
붉은 정열로 높고 낮게 사랑을 토해내고

온종일 행인의 눈길을 사로잡아
철없는 연인처럼 떼를 쓰다가
붉은 입술을 쑥 내밀어
당신의 마음벽에 사정없이 키스를 퍼붓는다.

아!
여름은 목석 같은 당신의 마음에도
설레는 붉은 루즈 자욱을 새겨 놓았다.

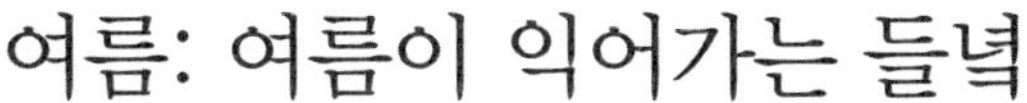

여름: 여름이 익어가는 들녘

빵 굽는 감귤농장

아쉬운 여름을 부여잡듯
팔매미가 감귤나무에 달라붙어 있고,
잎사귀 새로 발효된 모닝빵 같은 감귤이
빨리 익혀 달라고 빼꼼히 고개를 내밀고 있다.

이글거리는 뙤약볕 아래 워밍업이 되면
이곳 감귤농장, 커다란 오븐은 예열을 마치고
8월이라는 한 달의 타이밍에 맞춰
감귤도 발그레 익어간다.

뜨거운 열사에 성급히 타지 않고
새콤달콤 옹골차게 여물어 가는 시간

8월,
태양을 쏘아보는
내 얼굴은 일그러지는데
감귤농장 한편에서는 팔매미의 구령에 맞춰
땡글땡글 감귤이 오븐 속에서 이제 막 구워지고 있다.

물질하는 아낙네

태왁 하나 허리춤에 달랑
인당수의 심청인 양 뛰어드는 검은 새.
검푸른 수마 속을 아슬아슬 자맥질하며
몸에 휘감기는 채찍질을 가슴으로 껴안으며
이승과 저승의 국경을 오간다.

태고 이래 해풍에 삭은 현무암은
심한 골다공증을 앓고,
바스락거리는 몸뚱이는
짭찔한 바닷물로 절이며
자린고비의 지혜를 곱씹는다.
생명을 잇기 위해
생명을 내던져야 하는 삶.
수마 속에 제 아이를 두고 온 양
곤두박질 치는 검은 새, 검은 새.

나의 아브락사스(Abraxas)

폭염 속 태양도 진이 빠져
서산 아래 쓰러진 틈새

어둠 타고 숨어든 나의 별 하나
그 아득한 그리움의 형벌 속에서
살가운 알을 깨고 나오기까지

영원한 사랑은 영원한 고통
영원한 고통은 영원한 희망

숨 저리는 아픔은
내일로 이어질
내 사랑의 희망이 된다.

살아가는 동안
함께할 수 없음에
절망의 슬픔을 주고,

살아가는 동안
삶의 의미를 심어 주니
희망의 기쁨이 되는 그대

머언 그리움의 나라
그 발그레한 알 속에
홀로 사투를 벌이는
그대는 나의 아브락사스

선악의 경계도 모호한
혼돈의 세상
질식할 것 같은 폭염의 열기 속
나는 神에게로, 神에게로 간다.

---

*Abraxas(아브락사스): 아브락사스는 신비주의적 전일성을 상징하는 것으로서 헤르만 헤세의 《데미안》에서 인용.

반딧불이

내 몸속에는
반짝이는 가시가 있다.
둥글게 마모되어
흐느낄 적마다
어둠 속에 도드라지는 불빛

내게 주어진 삶이 소중하기에
내게 남겨진 이 아픔도 소중하다.
바람 부는 날이면
깊게 박힌 가시가
울먹울먹 가슴을 찔러 와도
나는 둥글게 깎여
곱게 빛을 틔울 것이다.

모래바람 휘날리는
도심의 한복판에 서서
윙윙대는 마천루처럼…

내 몸속에서
조용조용 숨 쉬다가
길 잃은 어느 날 밤,
"따라 오라" 살을 태워 손짓하는
어릴 적 할미 같은 등대가 될 것이다.

여름이 익어가는 들녘

살가운 흙냄새
유영하던 모태에서 들이키던
그 비릿한 양수처럼
보드랍게 어루만지는
풋풋한 대지의 향기

한 모금 깊게 들이키니
세들어 살던 폐포 속 심통이
저만치 물러가고
두 모금 들이키니
어느새 녹아들어 여울지는 여름

가만가만 머리카락 헤집는 미풍에
옥수수수염이 살랑살랑 춤을 추고
빠알간 고추잠자리 한가로이 졸고 있다.

머언 하늘을 보니
부서져 아롱지는 햇살이 내 품에 가득

아아… 어지러운 나는 그만
툇마루 아래 늘어진 삽살이가 된다

바다를 만나러 가는 날

사랑이 그리우면
바다로 간다.

때로는 잔잔히, 때로는 격렬히
일렁이는 사랑의 파도

얽혀 버린 미로 속
단 하루도 마음에서
놓을 수 없는 그리움

저 깊은 바닷속에
첨벙첨벙 빠져 들면
수평선 가뭇가뭇 떠오르는
희망 하나 건질 수 있을까?

사랑이 그리우면
나는 바다로 간다.

그리움의 강가에서

우린 서로 마주 보고 있네요
커다란 그리움의 강을 끌어 안고서

그대가 좀 더 정열적이라면
저 강물을 풍덩풍덩 헤엄쳐 올 것이고
내가 좀 더 이성적이라면
튼튼한 뗏목을 띄울 테지요

우리는 지금 마주 보고 서 있네요
그립다 그립다 애꿎은 손만 흔들면서….

젊은 날의 숲

황홀한 시간이 저물고 있다.
가지런이 놓인 숲 속 오솔길
총총이 걸어가는 내 발길에
붉은 황혼 등불처럼
어서 오라 인도한다.

눈부신 기쁨도, 간절한 소망도
옷자락에 묻은 새벽이슬 같은 것

사랑스런 새소리
평온한 들꽃의 미소
은신처에 녹아 드는 햇살
목마른 내게
언제나 빙그레 웃어주는 작은 옹달샘
모두 나를 키워 주는 자양분이라

그 숲을 지나는 동안

발효되어 풍만해진 생각
나는 어느새 중년이 된다.

빛줄기 피어 오르는 가지 사이로
성큼성큼 걸어올 어둠을 끌어안고
목 놓아 슬피 울어 줄 넉넉한 숲이 된다.

여름이여! 안녕

여름이 가고 있다.
곰매미가 배를 곯며
저리 울어 대는 걸 보면
이제 정말
얼마 남지 않았나 보다.

여름이 가고 있다.
나뭇잎이 하늘 향해
어지럽게 손 흔드는 걸 보면
이제 정말
얼마 남지 않았나 보다.

여름이 가고 있다.
느슨해진 생각의 추가
다시 똑딱거리는 걸 보면
이제 정말
서늘한 이별이 말없이 오고 있나 보다.

가을: 가을, 귀소의 계절 앞에서…

운명의 힘

세월에 떠밀린
바람의 비명 소리
가시밭길 외진 덤불마다
반숨을 내뱉는 풀벌레 소리
천년 묵은 바위 틈으로
꾸불꾸불
능청스런 고목의 수족들

나는 어디로 가고 있나

찬 공기 고즈넉 울리는 밤
머리카락 한 올 한 올마다
짙게 드리워진 슬픈 그림자
허공에 맥없이 부서지는
나는 어디로 가고 있나

서늘하고 비릿한 바람냄새
그 속에 가물거리는 낯익은 향기

스륵스륵
여린 풀잎 빨아 대는 풀벌레들
초연한 구름 한 점
까마득히 머언 고공 속에
헛웃음으로 사라지는
나는 어디로 가고 있나

이승의 연緣

심산유곡 손바닥 둥지에
산길 따라 흘러온 혼령
찬서리 울먹이는 밤하늘에
별도 달도 내몰고
문 걸어 잠근 마음의 방

펼치다 다시 접은
이승의 실타래 하늘을 덮고,
저승의 길목을 붙잡고 늘어지니
주섬주섬 주워 담을 적마다
절애고독 恨이 서린 혼령

한숨으로 삭은 연민은
무녀의 작두 끝에서 눈물로 환생하고
채 걸어 보지 못한 길마다
접어 올린 생각만 허공에 두둥실
고개 숙인 대나무숲 속에
눈 돌린 가을바람

낙엽 풀어 허공에 갈지字 던져 보고
처연히 들려오는 대금 소리
굳은 심장에 금을 긋나니

군불 지핀 아랫목에
잠시 누워 쉬었다 가세한다.
그대 발끝 초라하게 스며드는
이승의 緣
속 비운 대금 소리에
달빛으로 물들 때까지
애달파 속 끓던 연민도
쉬며 쉬며 건너가세 한다.

레테의 강가에서

하늘을 건너가는 노을이
물을 먹은 스펀지처럼 무겁다.

길게 늘어져
차마 떨쳐 버릴 수 없는
질기고 질긴 미련덩이를
가슴 끓이며 안고 뒹구는 저 피울음

암흑천지 산짐승 울부짖을 때
죽은 듯 몸 숨기다가
새벽 미명 실눈 뜨면
다시 깨어 우는 한 덩이 슬픔

세상의 그 무엇으로도 채울 길 없는
어린아이의 절대 슬픔 같은 공허함

이렇게 견디는 게 사는 것인가 보다
이렇게 미치도록 그리워 하는 게

살아 있는 것인가 보다

살가운 향기 깨끗이 벗어 버린
헐벗은 겨울 고목처럼
내 몸 속속들이
모든 진액 다 빠져나가
퍼석퍼석한 스펀지로
아무거나 흠뻑 들이마시는
걸인 되었을 때

겨울하늘 같은 그대,
변절했다 원망하지 말고
독약 같은 망각의 물에
몸을 헹궈 살아온 나를
부디 용서해 주오

홍시

풋사랑 피식 웃었더니
넌 곰곰이 살을 찌우고 있었어

서리 내려 모두 떠난 가지에도
님을 보고픈 마음에
고집스레 붙어 있었지

눈먼 사랑
하늘의 전등되어
깜빡깜빡 신호 보내면

동지섣달
님의 아랫목에서
달큰한 사랑으로
가슴 열어 주는 너

노을 지는 바다

가을하늘에 너울대는 구름
바다끝에 사뿐히 까치발 딛고
어허라 살풀이춤을 춘다.

그리움의 넋두리 恨이 풀릴 때까지
어허라 잊은 듯 추어 보자꾸나

구름 사이로 스며 나오는 핏빛 노을은
당신이 숨겨 두었던 가슴앓이

무심한 하늘과 바다를 흠뻑 적시고
내 마음까지 날아와 붉으락 푸르락
혼을 빼놓는 당신의 가슴앓이

가을, 귀소의 계절 앞에서

붉은 휘장이 벗겨진 쪽빛 하늘
서둘러 어둠을 불러오는 초가을
초록 잎새가 잠깐 바르르 떨고
소녀들의 햇살 같은 웃음소리
높은 가을하늘에
공명되어 울려 퍼진다.

"쉿"
이제는 돌아갈 시간
수다떠는 싸리나무
치렁치렁 잎새를 들썩이며
바람의 손을 잡는다.

마음속 회한
미련한 사랑일랑
저 높은 쪽빛에 묻어두자

허허로운 들판 위에

나 홀로 주사위마냥 던져져도
그저 그리움 사무친 아낙의 속울음처럼
가녀린 가지마다 으스스 떨며
꽃단장한 잎새를 하나둘 떠나보내자

내 손을 잡고
함께 뛰놀던 추억들
으스러지듯 쏟아부은 열정이
넝마되어 먼 하늘을 휘돈다 해도

깊고 깊은 고뇌의 늪이
높고 높은 가을하늘로 화할 때까지…

가을 교향곡

하늘 높이 고추잠자리
길게 활공하며 오선을 긋더니
오르락 내리락
음계를 그려 넣는다.

노오란 은행잎,
빠알간 애기손 단풍
신나는 리듬을 타는지
굵은 나무줄기 박차고
요란스레 뛰어 올라
바람 따라 몸을 흔든다.

길가 코스모스는
찌를 듯 가늘고, 긴
리릭소프라노를,
몸 비비던 대나무
베이스, 바리톤으로
무게를 잡는다.

처마 아래
흔들리는 풍경 소리
리듬을 맞추고
사립문 삐거덕삐거덕
흥을 돋운다.

멍석 위에 널린 나락 위로
사뿐이 내려앉아 쫑알쫑알
건반을 누르듯
알곡을 쪼아 먹는 참새떼

과수원에는
간간이 "쿵" 하고
잘 익은 심벌즈가
가을의 클라이막스를 알린다.

황금들판의 허수아비는

연신 두 손을 휘저어
덜 익은 가을을 지휘하고 있다.

깊어 가는 갈색의 음률
그 고요한 사색의 시간

가을은
도드라진 자신의 음색을
계절의 악보에 채워
경건한 환송식을 거행하고 있다.

내 마음은 흐르는 강물

내 마음은 흐르는 강물
살기 위해 쉼없이 흘러야 하는 강물

누군가 다가와 가슴 치며 통곡해도
먹다 남은 오물 시원히 나를 향해 쏟아부어도
무심한 척 말없이 흘러야 하는 강물

가을 바람 불어 오는 오솔길 따라
찾아 오는 많은 사람들
가슴에 묻은 슬픈 사연 하나둘 털어 놓고
대신 아파해 달라 소리치다 가곤 하지

강바람 자장가 부르는 늦가을
수런대는 산천초목 모두
대지의 품속으로 돌아가도
나는 무덤덤 거울 같은 하늘 비추며
슬픈 사연 가슴으로 닦는
흐르는 강물… 흐르는 강물….

가을소묘

하늘은
시퍼렇게 멍이 들어
퀭한 눈빛만 번쩍이고
숲 속 가지마다
흐느낀 피울음
한 잎 두 잎 나풀댄다.

만개하여
노쇠해버린 들국화
힘없이 고개 떨구는 언덕

한가로이 오솔길 거니는
할 일 없는 노파는
중얼대는 바람의 넋두리에 귀를 대고
따갑게 쏘아보는 햇살 한 줌에
눈싸움을 걸어 본다.

붉게 드러누워

곤히 잠든 노을 위로
가을 그림자가 짙다.

9월

목마른 대지 위로
소슬한 가을비 내리면
허기진 코스모스
목 축여 노래하고
쪽빛 하늘 위로 빨간 전령사
가을이 온다고 아우성이다.

벙글이 해바라기
까만 돌담 위로
해죽이며 고개 내밀고
과수원의 능금은
쏘아보는 쪽빛이 부끄러워
빨간 볼을 잎새로 가린다.

9월은
빗속에 가을을 품고
때로는, 사랑스런 열정의 빛으로
때로는, 이별의 노란 손수건으로

때로는, 정직한 하늘빛으로
소리 없이 그림을 그린다.

시간나그네

나를 바라보는 시선들
눈을 감고
지그시 눈을 맞춰 봅니다.

신비한 하늘빛
서늘하게 스며드는 겨울 눈빛
뉘엿뉘엿 졸고 있는 붉은 노을빛
머릿결을 흔드는 바람의 눈빛

그 눈빛 속에는
내가 숨어 있습니다.
오래전 그랬듯
아~
나는 익숙한 그 향을 사랑합니다.

간절함에 한 덩이로 굳어진 작은 돌
그러나, 나는 또 흩어질 어느 순간
익숙한 눈빛들과 한 덩이가 될 것입니다.

그때는 볼 수 없었던
당신의 눈물도,
들을 수 없었던
당신의 노랫소리도,
그리고,
느낄 수 없었던
당신의 숨죽인 떨림까지도
속속들이 내 속에 젖어들 것입니다.

내 마음속 작은 개울가
뒹굴대는 조약돌의 울음소리
바람 속에 온통 녹아들어
안식의 커튼을 드리울 때
나는 비로소
영원한 시간 속 나그네가 될 것입니다.

겨울: 겨울나무의 반추

그리움은 깊어만 가고

해가 바뀌고,
내 모습도 하루가 다르게 여위어 가는데
식을 줄 모르는 안타까운 마음은
우두커니 떠날 줄을 모른다.

엔진이 고장난 자동차처럼
삶의 소망 주던 그대 멀어지니
오감이 굳어 버린 듯 돌이 되어 간다.

온몸에 금단현상 일듯
나도 모르게 빠져나가는 그대의 사랑
이것도 내가 치를 사랑의 아픔인가 보다

깊이 들이마시나
길게 내뱉을 수 없는 호흡
허공에 뿌려 본들
누가 길고 긴 이 아픈 한숨을 알까

뜬금없는 메일이나 보내어
"나 여기 잘 있어요."
그대 심중에 나의 존재 알 길 없어
틀에 박힌 안부를 전한다.

아론*의 지팡이

만물이 잠든 겨울 골짜기
힘차게 뿜어대던 폭포수는 저주받은 롯의 아내처럼
거대한 얼음기둥만 남아 힘을 잃었고
보글거리며 뛰놀던 황금잉어의 장난기도
지하로 숨은 지 오래다

인면수심이라 했던가
저 두꺼운 얼음판 아래엔 피비린내 나는 살육현장
그대의 간절한 기도 소리만 회오리바람처럼
겨울 골짜기를 떠돌고 있다.

그대는 머언 우주 끝에서 날아온 썩어질 밀알 하나
빙벽에 몸 담고 자양분 찾아 헤매는 슬픈 영혼

나는 그대를 따스하게 덮어 주고 먹여 줄 어미 가슴이라

빙벽 속에 꽂힌 그대의 기도

몸 녹여 싹 틔울 한줄기 봄볕

천년 만년 이어나갈 올곧은 그대의 염원
아비규환, 대혼란에도 고고히 살아 남아
천국의 길로 인도하는 아론의 지팡이라

---

* 아론: 성경 속 인물로 모세의 대언자이자 최초의 대제사장.

겨울나무의 반추

이젠 아무 흔적도
아무 기억도 나지 않습니다
눈 감으면
잠잠이 잠겼던 그대의 향기도
머얼리 떠나가고
나는 처음처럼 혼자랍니다

계절이 가고, 바람 불어
가슴에 남은 추억 모두 쓸고 나면
빈 들에 오돌오돌 떠는 겨울나무처럼
나는 그렇게 한없이 초라해질 겁니다

사박사박 어두운 밤을 타고
그대 눈꽃으로 찾아오신다면
책갈피 깊은 곳에 잠자던 고운 추억
꼿꼿이 살아 그대 맞을지도 모르지만

그러나, 이젠 정말

아무것도 남아 있지 않습니다
골목마다 나를 붙잡아 주던
그대 그림자도 모두 떠나고
할 일 없는 바람만
휑휑 나를 훑고 지나갑니다

이방인

본향을 가는 나그네
한 걸음 한 걸음
고독을 벗삼아 걸어간다.

간간이 뺨을 어루만지는 바람
그리움으로 반짝거리는 물 위의 별
우수수 외로움에 몸서리치는 겨울나무
태양은 능청스레 눈을 내리깔고
세월의 수레바퀴 아래 마모되는 나를 지켜본다.

길가의 방긋 웃는 들꽃
잠시나마 고독을 잊게해 준
고마운 나의 인연들이라
너로 인해 고달픈 여독이 녹아 내리고
가슴 터질 듯 몰두하던 꿈 같은 시간
아아… 그러나,
새벽 샛별로 쓰러지는 신기루일 줄이야

허물 벗은 겨울나무가 침묵하는 건
사시사철 변덕스런 감정의 무의미 같은 것

여러가지 색을 섞으면 검은색이 되듯
모든 감정이 잘 어우러지면
칠흑 같은 숯덩이가 되지

세상구경 끝내고 영면에 들 때
쓴웃음으로 떠나야 하는 이방인처럼 말이야

잔설殘雪

아직도 그대 가슴속에 내가 남아 있는가
응달에 쌓인 잔설처럼 가슴속 모퉁이에
채 녹지 못한 미련 아직 남아 있는가

바람이 불어 파인 상처 쓰라려 올 때
그대 나를 미워하고 원망하는가

난 그대의 아무런 도움이 되지 못하나니
나락에 홀로 추락하는 서글픔도
함께할 수 없는 초라한 몸이니
춘삼월 봄바람에 다소곳 꽃피거든
그대
묵은 때 벗겨 내듯
흔적없이 나를 씻겨 내 주오

새벽

스산한 바람이 인다.
인기척이 없는 산길
살그머니 바람 한줄기 스쳐간다.

어둠을 물리친 하늘이
실눈 뜨고 지켜보는 시간

깊은 고뇌의 늪에서 빠져 나온 걸인이
비로소 잠을 청하고,
밤늦도록 옥을 다듬던 그의 손에는
새벽공기 같은 옥가락지 하나 걸려 있다.

누군가
이별을 고하고 있다.
하늘의 눈을 피해
잠시 머물렀던 이슬처럼
스르르 사라지는 이별에
새벽이 조용히 묵도를 올리고 있다.

설날, 고향집

눈 덮인 고향집 돌담 사이로
발그레한 얼굴 수줍은 새색시
어릴 적 짓궂던 바람은
훌쩍 커 버린 내가 어색한지
가만가만 눈치만 봅니다

고향집 오면
난 예전처럼 신이 난 개구쟁이
아담한 감귤농원 울타리
방풍되어 품어주던 쑥대나무
장독대 옹기마다
곰삭은 어머니 손맛 가득하고,
묵묵히 견뎌 온 노모의 가슴에도
오늘은 웃음꽃이 피어납니다

멀리 떠나 버린 그리움이
하나둘 돌아 와 풍성히 채워주는 날
고향집 굴뚝은 신이 나 춤을 추고

세배객들은 덕담하며 싱글벙글
삽살이도 흰눈 위에 깡총깡총
새해 첫 마음, 첫 다짐
어머니의 소망이 하늘에 닿아
행복꽃이 만발한 오늘은 설날입니다

눈보라

눈을 감아도
눈을 떠도
오로지 한 가지 생각

휘몰아치는
영혼의 바닷속
잠잠이 침몰해 있는
섬 같은 생각 하나

출렁대는 파도따라
가슴은 두근대고
외로운 배 한 척
향방없는 항해를 합니다.

그리움에 목마른 내 영혼
머릿속을 헤집는 눈보라에
속수무책 넋을 놓고
꽁꽁 감싸안은 육신 속에
그리움의 별만 깜빡거립니다.

어느 혹한의 오후

하늘이 얼어버렸다.
고목 위의 갈까마귀 까악까악
설원으로 슬피 떠나고
인기척 끊긴 골목마다
할 일 없는 북풍만
문고리를 잡고 덜컹댄다.

태양도 빛을 잃은 오후
나는 꿈의 똬리를 틀고
깊은 겨울잠에 빠져든다.

솜이불을 둘러쓴
대지의 기도를 들으며
한겨울 유월절을
경건하게 인내하고 있다.

---

*유월절: 유대교 3대절 중의 하나, '유월'이라는 말은 어린 양의 피를 출입구와 문설주에 바른 집을 악령이 지나쳐[逾域]간다는 뜻.

불혹의 겨울

잿빛 하늘
투신하는 하얀 영혼들
담벼락을 올라간 담쟁이넝쿨이
허공을 휘젓듯
제 풀에 꺾여 죽어 간 열정들
부드러운 물살에 살을 깎아 주던
조약돌의 지혜는 어디로 가고
속수무책 무너지는 눈물만
삶의 무게로 짓눌러 오는가
덮을 수만 있다면
지나온 발자취를 덮을 수만 있다면
불혹의 강가에 앉아
다시 한번 밑그림을 그릴 수만 있다면….

사랑과 이별 그리고, 그리움:

- 내 그리움은 녹슬지 않는다

너를 잃고

네가 없는 세상은
더 이상 아무것도 없어

볼 것도,
보고 싶은 것도 없는
무채색의 공간일 뿐

하늘은 더 이상 푸르지 않고,
봄의 들녘도 적막에 묻힌 어둠처럼
내 귀엔 아무런 소리도 들리지 않아

네가 없는 세상은
더 이상 숨을 쉬지 않아

나 홀로 살아
너를 찾고 있다는 게
이상할 뿐

사방을 둘러봐도
온통 낯선 것 투성이니
이 넓은 우주 한복판에
나 홀로
이름 없이 버려진 고아 같구나

다음 생을 기약하며

문풍지 바람 소리로 다가와
푸른 호수 엷은 미소로 스며드는 나의 연인아

아무 말도,
아무런 약속도 할 수 없는 나를,
목련이 진 뒤뜰에
초록잎새 우후죽순 하늘을 가리듯
그렇게 나를 그대의 창에서 가려다오

잊고, 또 잊어도 끝내 못 잊어
골 깊은 원망과 아픔으로
온몸이 사그라들거든
나를 결코 용서하지 말아다오

혼자 삭힌 그리움의 독을
마음의 단지에 고스란히 모아 두었다가
수천 년 지난 어느 천륜의 터널에서
애절한 나의 눈빛 하나 기억하거든

불쑥 내게 쳐들어와 나의 아이가 되어 주오

나의 몸과 마음이 언제나 네게 열린 안테나처럼
한시도 너를 잊을 수 없는 불안감으로
전생에 네가 겪은 그 고통을 고스란히 내가 안을
수 있게

비록 그대가
내 속을 갉아 먹고 자라는 거미가 될지라도
전부를 네게 주고 허허로운 껍질
호숫가 바람에 사뿐히 흘려 보낼 수 있게
다음 생에는, 다음 생에는,
하나뿐인 그대의 어미가 되어 주리이다.

실연은 탱고를 추듯

나를 지배하는 감정의 골
닿을 길 없는 깊은 질곡의 수렁
손끝으로 뻗어 올라
너울너울 승화되는 눈물꽃

강하고 날카로운 물음은
허겁허겁 주워 담는 숙명이 되고
치열한 감정의 아귀다툼 속에
번뜩 떠오르는
명확한 해답 같은 춤사위

전부로 다가오다
몽롱해진 나를 저만치
밀어 버리는 배반의 탱고

아!
빛을 잃은 눈은 암흑 속에 멈췄고
소리를 잃은 귀는 적막 속에 묻혔다.

나는 어쩌면
처음부터 알았는지 모른다.

길은 하나였고,
단지 예외를 동경했을 뿐이란 걸

너무 먼 그대

그대를 생각하면
머리와 가슴이
따로따로 나눠지곤 합니다.

가슴은 잔뜩 부푼 풍선마냥
저만치 날아가고
머리는 그 가슴을 향해
매서운 화살로 조준을 합니다.

그대를 생각하면
저절로 벌어지는 밤송이 같으나
이내 움츠린 까마귀밥이 되어
나무꼭대기에서 최후를 기다립니다.

이러지도 저러지도 못하는
나의 전부였다가 다시 원점으로
그래도 나의 전부였다가
다시 돌부처가 됩니다.

그대를 생각하면
천국과 지옥이
가슴속에서, 머릿속에서
승산 없는 싸움을 그칠 줄 모릅니다.

사랑은 팔색조

사랑은
마음이 흔들릴 때마다
옷을 갈아입는다.

모든 것을 포용하는
코발트빛 광활한 하늘이었다가
발 디딜 틈 없이 온통 먹구름 자욱한
잿빛 천지가 되기도 하고
눈물겨운 이별에 통곡하는
붉어진 눈두덩이가 되기도 한다.

사랑은
나보다 마음이 먼저 알아
두 눈을 감으면 마음의 색이 보인다.

황홀한 보랏빛 꿈이었다가
암울한 어둠이 되기도 하고
바보같은 백지가 되었다가

숨막히는 붉은 해가 되기도 한다.

마음속에 있으면서도
마음속에 가둬 둘 수 없는 퍼덕이는 날개

신선한 공기를 찾아
끊임없이 날갯짓하면서도
땀내 전 추억을 등에 업은 너

내려 놓을 수도
멀리 벗어던질 수도 없는 팔색조

그 빛깔에 맞춰
엉거주춤 장단을 맞추는 네가
무척이나 버거워 보이는구나

내 그리움은 녹슬지 않는다

피고 지는 계절의 윤회 속에
섞이지 않는 기름방울

둥둥 떠다니며 유랑하는
그리움의 방울

세찬 바람의 멱살잡이도
거친 파도의 으르렁대는 소리도
도드라지게 커가는
나의 그리움을 막을 수 없으니

하늘이 붉게 물들다 칠흑이 되어도
새벽녘 새파란 속마음은 숨길 수 없듯
내 그리움의 색도 그럴 것이다

어느 적막한 삶의 벤치에 앉아
숨을 고르며
그 달라붙은 세월의 독을

손 시리도록 닦아낼 것이다

한 줌의 눈물
별이 되어 하늘에 박힐 때까지

시간은 흐르고 나는 남는다

시간은 흐르고
나는 남는다.

한낮의 빛줄기는
어둠 속 누군가의 희망이 되어
사각의 집어등으로 숨어들고
나는 또 뒤척이는 어둠과
은밀한 밀애를 나눈다.

시간은 흐르고
나는 남는다.

가슴 벅찬 나의 꿈은
아직 중천을 떠돌고
고삐 끄는 서툰 농부의 손엔
안개만 자욱하니
나는 또 손 내미는 어둠과
은밀한 거래를 한다.

시간은 흐르고
나는 남는다.

서산에 걸린 노을은 어서 가자고
밀려 오는 어둠은 내 수족을 묶고
수없이 지나친 내 시간의 길목에는
가위에 눌린 새의 퍼덕임
죽음의 핏빛 허공에 물들어 오는데

시간은 흐르고
나는 남는다.

나, 허물 벗는 날

나… 그동안 행복했노라
맑은 물처럼, 때로는 황홀한 자수정처럼
그대의 두 눈을 통해 바라본 세상
너무나 아름다워
눈물이 솟구쳐 오르면
어느새 나의 눈물을 끌어
내 몸을 정갈하게 씻기는 그대

나… 그동안 감사했노라
아름답게 빚어 놓은 매끄러운 몸
작은 미동에도 바르르 떠는 사랑의 느낌
슬픔을 아름답게 토해 낼 수 있도록
내 입술에 부어 놓은 그대의 선율
목까지 차오른 나의 감정을
한 오라기도 흘리지 않고
모두 내뱉을 동안
차곡차곡 실을 풀어 주는 그대

나… 그동안 미안했노라
허우적허우적 안개만 가슴에 주워 담다
희끄무레한 꼬리만 흔들어 대는 욕망
암울한 침묵 속에
나를 위해 울고 있을 그대 저주하며
타닥타닥 이유 없이 속을 태우던 분노
깊은 고뇌의 늪에 고집스레 앉아
어둠의 장막을 뒤집어쓰던 일
이제 와 생각해 보니
모두 부질없는 나의 허상이었네

아… 무로 돌아가는 시간…
나의 고왔던 두 눈
나의 사랑스런 두 볼과 입술
손에 척척 감기는 향기로운 머리카락
나를 가장 많이 알던 그대가
처음 나를 보고 기뻐했을 모습들
이제 허물을 벗노라

두 눈도, 입술도, 고뇌하던 머리도
사랑했던 가슴도 모두 내려놓고

"값지게 잘 썼노라."

눈물

미로 속 여인의 마음
한 켠을 걸러 내면
恨 맺힌 돌덩이
묵직하게 걸음망 위를 짓누르고
두 켠을 짜 거르면
멀어져 간 꽃다운 청춘
가슴망에 뽀얗게 진다.

막다른 골목에서
분홍빛 살갗을 문질러 대는
칼날 같은 세월아!
한 켠 한 켠 걸러 내고 남은
이 진실을 너는 아느냐

하늘을 담은 소박한 분신
나보다 나를 먼저 알고
거미줄 같은 마음판을 돌아
경건하게 흐르는 이 한방울 精水를…

나이를 잊고 싶다

이제는 날을 세고 싶지 않다.
어지간히 늙어 생각이 늘어지면
그때 찬찬이 헤아려 볼 일이다.

아직은 손을 꼽으며
나이를 세고 싶지 않다.
그저 다가오는 시간 속에
이제 막 세상에 나온 것처럼
생경하게 세상을 바라보고 싶다.

수없이 스쳐가는 사계
그 흔들리는 추에 맞춰
덩더쿵 덩더쿵 춤을 추며
나이를 잊고 싶다.

물망초

얼마나 오랫동안
가슴앓이를 해야
너를 잊을 수 있을까

얼마나 오랫동안
아픈 상처 쓰다듬어야
새살이 돋을 수 있을까

바람 속에 흐르는 넋도
강물 속에 잠자는 세월도
못다 핀 너의 눈물

동트는 새벽 시간에 쫓겨
잠시 너를 잊는가 했더니
어스름 달빛 타고
불쑥 찾아온 한 덩이 슬픔

얼마나 오랫동안

끝 모를 길을 걸어야
너를 만날 수 있을까

얼마나 오랫동안
공산에 메아리쳐야
네 목소리 들을 수 있을까

너를 가슴에 묻는 일이
나를 잊는 것보다 힘이 드니

사시사철 맨발로 강어귀에 서서
아무나 붙잡고
흐드러지게 웃어나 볼까
허연 속살 내놓고 미친 듯 웃어나 볼까

하렘의 밤

끈끈한 눈빛과 널름대는 혀
나를 포획하는 넌 허기진 거미와 같다.
현란한 몸과 손짓으로 나를 잡아끄는 올가미
반나의 몸에 스팽글 달랑대는 천 조각
갈증난 사내의 목덜미를 쥐고 흔드는 교만함

힘겨운 고독에 혀를 묻고
메마른 유두를 퍽퍽 빨아 대는 젖먹이 사내들
오늘은 너의 충실한 노예가 되어
잠시나마 나의 빈 속을 채워 줄 환각의 세계로 인도하라

열사의 사막 속에 거친 호흡 들이키던 내 영혼
아늑한 밤의 품 속에 노독을 잊고 잠들 수 있게
내일 지옥불 속을 걷더라도
오늘 밤을 잊지 못해 또 다시 찾아갈 욕망의 실크로드

새벽의 종소리 핏빛 하렘가에 울려 퍼지면
오감을 마비시키는 독사의 혀끝
스르르 모래 속으로 꼬리를 감추고
화들짝 놀란 어리석은 내 몸뚱이엔
닳아 빠진 해골 하나 걸려 있겠지

---

* 하렘: 이슬람 사회의 부인들이 거처하는 방을 가리키는 명칭으로 '금지된', '신성한' 을 뜻하는 아랍어.

詩에 울고, 詩에 웃는 삶:

한 번쯤 일탈을 꿈꾸며

도덕불감증

일상에 길들여진 매끈한 몸
시곗바늘 따라 촉각을 곤두세운 근육들
세파를 헤쳐 나가는 유선형의 물고기
감정의 높낮이도 무뎌져
머릿속 미해결 고충처리실은
스트레스 과부하에 걸려 폐업한 지 오래

오감을 통해 들어오는 세상은
경과 관찰 추후 통보라는
무책임한 문구만 써 붙인 채 방치되어 있다.

감정이 없는 네피림이 사는 세상
선악의 절대가치의 벽을 무너 뜨린
강성해진 육체만이 보이는 세상

솔로몬의 지혜와 만고불변의 진리는
변종들의 쑥덕거림 속에 질식되어 가고
네피림이 세운 거대도시 위에는

신의 자녀들이 중얼거리고 있다.

마구 먹어 치운 폭식의 나른함
헐거워진 시냅스의 관문
선악의 잣대에 느릿느릿 흘러내리는 녹물

그러나, 더 이상 뛰지 않는 나의 심장
정적 속 미진한 전류들만 죽어가는 오감 위를
어지럽게 구르고 있다.

---

* 네피림: 구약 창세기에 나오는 하나님의 아들과 사람의 딸 사이에서 태어난 거인족.
* 시냅스: 신경세포의 최소단위인 뉴런과 뉴런 사이에 존재하는 것으로 뉴런의 교차로에 해당하는 곳.

발렌타인데이

발렌타인데이
그대에게 내마음을 전합니다.

무심한 그대에게
말없이 녹아내릴
한 조각 내마음을 드립니다.

첫 느낌은
어둡고 단단할지 모릅니다.
그것은 문전박대하던
내 사랑의 도도함입니다.

또, 다시 인내하며
온기를 불어 넣으면
아주 잠깐,
사르르 옷고름 푸는 女心
그것은 그대의 용기에 대한
작은 믿음입니다.

간혹, 쌉싸름하게
그대의 생각을 짙게 붙잡으면
그것은 사랑을 지키고자 하는
나의 결심입니다.

그대 안에 수없이 녹아들어
흔적 없이 내 존재가 사라진다 해도
물방울처럼 스며들고픈 나의 마음

행복과 고뇌와
영원까지 이어질 추억들이
공허한 그대의 가슴속에
미어질 듯 밀려올
일곱 가지 사랑의 맛.

바로,
작은 나의 분신입니다.

멸치육수를 내다

사랑의 진국을 마신다.

너를 아낀다며
고운 볕에 뉘어
皮骨이 상접하도록 방치했지

돌아와 너를 찾으니
종이처럼 가벼운 허물만 남았구나.

안타까움에
네 몸에 갖은 사랑 쏟아 부으니
거추장스런 가식의 잡물
한쪽으로 내몰리고
둥둥 뜨던 경솔함도
신중하게 드러눕는다.

비로소
금단의 문이 열리고

애처로운 영혼
만신창이가 되도록 녹아든다.

너를 맛보면 맛볼수록
벗어날 수 없는 이 깊은 감칠맛

저 나락에 몸을 벗어던진 채,
동그란 눈을 뜨고
오뉴월 恨 서린 여인처럼
나를 바라보는 너의 눈빛

아! 말 못한 그리움이
화살되어 가슴 깊이 박힌다.

그녀가 사는 법

너무 헤프지도 말고
너무 과묵하지도 않게
춘삼월 한밤중
양철지붕 위 함박눈 쌓이듯,

너무 기쁘지도 말고
너무 슬프지도 않게
깊은 바다 한밤중
달빛에 출렁이듯

지나간 일은
너무 오래
끌어안지 말고
다가올 미래가
지루하지 않게

양지바른 어느 봄날
툇마루 아래 삽살개 털 고르듯
가만가만 타이르며 살아가자

유리잔

투명한 유리잔은
자신의 색을 갖지 않는다.
자신에게 담겨질
주인의 색을 입기 위해
속을 비워 둔다.

적포도주를 담으면
농염하게 출렁이고
맑은 생수를 넣으면
없는 듯 미소 짓고
홀로 주인을 기다릴 때도
햇살에 몸을 부수며 반짝인다.

모든 걸 다 비운 유리잔은
기다림도 희망으로 설렌다.

한 번쯤 일탈을 꿈꾸며

당신은 하늘의 사냥꾼
나는 잘 길들여진 말

눈을 뜨면 뻔한 스케줄을 목에 걸고
뚜벅뚜벅 동이 트는 창가에서
별이 뜨는 서산으로
태엽 감긴 인형처럼 맴돕니다.

당신이 허락한 둥근 원판에
지루함을 달래기 위해
사이사이 끼워 둔 작은 옵션

여기 기웃 저기 기웃
분가루 흩날리는 골목마다
'출입금지' 나를 가로막습니다.
당신이 허락한 나의 반경은
여기까지인가 봅니다.

당신은 나를 타고
의기양양 달리는 하늘의 사냥꾼
나는 한 번쯤 일탈을 꿈꾸는 당신의 말

어긋난 삶의 공식

그대를
나의 울타리에 가둬 두고
이리저리 적분을 하면
오랜 세월 꿈꿔 왔던 행복이
하늘만큼 부풀어 오를까

그대를
나의 가슴속에 쓸어 담고
이리저리 미분을 하면
오랜 세월 멍울진 원망이
한순간에 사라져 버릴까

느낌 없는 고목이 되어 사는 게
소리쳐 출렁이는 노도보다
어렵다는 걸
나의 짧은 연산에 대입을 해 보고서야
비로소 알게 되었다.

무한대로 뻗어 나는 왕성한 그리움은
그대를 향해 한없이 잦아들어 가고
복잡한 생각의 분수들만
우뚝우뚝 생뚱맞은 연산을 해댄다.

어디선가 꼬여 버린 부호 하나에
엉뚱한 해답의 종착역에 앉아
정답인지 오답인지 검산의 의지도 버린 채
마냥 시끄럽게 떠들어 대는
저 생기 발랄한 살아있는 것들의 아우성에
낯설지만 "피식" 하고 한번 웃고나 싶구나

자화상

백지 위에 나를 그려 보았지
20대의 우아한 숙녀가 웃고 있었어
양손에 장미 한 다발과 책 한 권을 끼고서
에스코트 하는 한 남자를 흘낏 쳐다보고 있었지

페이지를 넘기고 다시 그려 보았어
일상에 쫓기는 30대의 아줌마가
모딜리아니의 여인들처럼
고개를 갸우뚱거리며 희멀건 눈빛으로
미지의 세계를 바라보고 있더군

화가 나서 지우개로 지우려다
다음 페이지로 넘겨 다시 그려 보았어

비뚤어진 고개 바로 세우고,
눈빛에 명암을 주고,
단정히 앉혀 세우니 응시하는 시선 건너편
닿을 길 없는 그대 그리워하고 있더군

꿈인지 생시인지 모를 현실 속에
피안의 공간으로 들락거리는 영혼
허물 벗는 순간 빛으로 사라질
무표정한 여인이 쓴웃음 웃고 있었어

수술

십자로 묶인 수술대에
곪은 응어리와 마주한다.
리도카인*… 리도카인…
가물가물 옛 기억이 꺼져 간다.
무슨 일이 있었을까
콘크리트 바닥 오물통에는
상처찌꺼기로 흥건하다.
참담하게 드러난 환부가
들켜버린 속내에 부르르 떨고 있다.

싹뚝싹뚝
에누리 없이 잘라내는 메스
못 버린 미련이 피눈물로 흐느끼다
간간이 예리한 쇳소리에 경각심으로 움찔댄다.
끌어안을 수 없다면
과감히 가지치기를 해야 살 수 있는 이치

---

* 리도카인: 마취제의 일종

한 그루의 나무에 두 종류의 열매를 맺을 수 없듯
오로지 당도 높은 열매 하나 지키기 위해
죽었다 다시 사는 십자가형틀에 눕는다.

전철스케치

전철을 타고 시내를 가는 날
편을 가른 듯한 묶음의 사람들이 타고
또 한 묶음의 사람들이 내린다.

모두 특징이 없이
본능에 충실한 모습
차창에 서린 무표정한 얼굴

어떤 이는 살아가는 것이고
또 어떤 이는 살기 위해
같은 공간에 머물러 있으리라

시간이 지나고 목적지에 이르면
가지런히 꽂힌 책꽂이에서 선택된 책인 듯
전차 밖으로 톡톡 떨어지는 사람들
빠른 걸음으로 어디론가 빨려들어 간다.

물끄러미 그들의 뒷모습을 바라보는

낯익은 얼굴 하나
방향을 잃은 나침반처럼 심하게 흔들거린다.

원룸

저 문 하나만 열고 들어오세요
촘촘이 걸어 잠근 외투와 같은
두꺼운 마음의 문
저 문을 열면 오랫동안 갈망했던
그 모든 것들이
속속들이 한눈에 펼쳐질 겁니다.

벽 하나 없는 이 공간은
어떤 시련도 이겨낼 수 있다는 믿음만이
열쇠가 되어 들어올 수 있는 곳입니다.

햇살 가득한 창가에는
미소 머금은 장미 두 송이
축복처럼 피어 있고
아늑한 소파에 흐르는 타이스의 명상곡이
당신의 지친 마음을 어루만지며
탁자 위에 가지런히 놓인 향긋한 찻잔이
빙긋 웃는 곳

저 문을 열고 들어 오는 누군가의 인기척에
홀로 마음 졸이며 기다렸을 이곳

저 단단한 문 하나만 열고
어서 들어오세요

노파

열정을 잃고,
시간의 줄을 놓아 버린
빈 마음에
거미줄만 가득한 여자

흐릿한 기억 속
망상에 사로잡혀
생각하는 돌이 돼 버린 여자

을씨년스런 침묵에
키득키득 혼잣말을 하는
고장난 테이프 같은 여자

느낄 수 없는 육신에
얼기설기 땜질한 부속들
하나도 제 살이 아니면서
하나도 버릴 수 없는
꿰맨 자국 미련스레 쓰다듬는
세 살배기 물애기 같은 그런 여자

토르소

찰나의 떨림도
절정의 희열도 아닌
찢겨진 깃발의 퍼덕임 같은,
온몸으로 뻗어나가
끝내 제 살을 도려내고
고통의 흔적만 덩그러니 남은 몸뚱아리

잡힐 듯한 기대감과
잘려나간 말초신경들
그 손끝에서,
그 발끝에서,
스스로 절망하여
질끈 끊어 버린 촉수들

생의 난간에 매달려
허망하게 스러져 간
어느 성자의 절망이리라

---

* 토르소(torso): 머리와 팔다리가 없이 몸통만으로 된 조각상.

철인경기

고독한 질주
어디쯤 온 것일까
하늘이 내게 준
인생 철인경기

생의 종목마다
뒤엉킨 희로애락
꼬인 매듭 풀어
맨몸 하나 빠져 나오면
거친 파도 넘실넘실
나를 가로막는다.

살아가는 것은
철인경기를 완주하는 일
원망의 한숨도
승리의 환호도
모두 종목의 일부분

오늘은
넘실대는 파도에 띄울
뗏목 하나 손질하고
내일은
방향 잡을 돛을 달아
순풍을 기원해 본다

삶을 검식하다

하얀 접시에 다소곳 머리 숙인 음식들
누군가의 삶에 배어 들어 힘이 되는 음식
아니면 조금씩 스며들어 결국엔 삶을
송두리째 앗아가는 독이 되는 음식

나는 어떤 맛과 성분을 가지고 있을까
빛깔 곱게 차려 입어 입맛 도는 나물
촉촉히 간장물에 배어 짭쪼름한 생선조림
허기진 뱃속을 가득 채워 힘을 주는
밥 한 바리와 구수한 토장국 한 사발
오랫동안 수련을 끝내고 이제 막 얼굴을 내밀어
누군가의 메마른 속에 단비 같은 동치미 한 그릇
속속들이 퍼져가는 각양각색의 맛과 향기

우리네 살아가는 모습은 다양하지만
내가 아는 삶은 한 가지이듯
우리에겐 맛과 빛깔이 고유한
자신의 삶이 전부인 것이다.

인색하게 움켜쥔 짭짤한 맛
황홀하게 몸 풀어 주는 부드럽고 달콤한 맛
거칠게 세상을 헤쳐 온 질기디질긴 맛
누군가 다가올 때마다 톡톡 쏘아붙이는 매콤한 맛

아… 나는 과연 어떤 맛을 품고 있을까
너무 짭짤하여 나의 것을 꼭 움켜쥐고 있진 않았는지…
아니면 어느 누구도 입안에 들이지 않는
어울릴 수 없는 그런 맛으로 사람마다 퉤퉤 뱉어내는 혐오스런 맛을 지니고 있진 않았는지…

어두운 겨울밤을 지나 함초롬 곱게 핀 미명 아래
들쑥날쑥 나의 삶을 검식해 본다.

---

* 검식檢食: 병원환자식을 배식하기 전에 음식물飮食物에 어떤 이상異常이 있는가 없는가를 검사檢査하기 위하여 그 음식물飮食物을 먼저 먹어 보는 행위

소갈증

먹어도 먹어도 허기진 생각 하나
마셔도 또 마셔도 마시고픈 고집 하나
눈 뜨면 헛깨비 같은 환자 하나 서 있다.

힘겨운 한 계단을 오르면 또 두 계단
숨 고르는 짧은 호흡 노예 같은 긴 침묵
빈 잔에 채울 길 없는 밑 빠진 먼 그리움

찬바람 불어오는 立春의 길목에도
꿈꾸던 꽃향기는 땅속에 얼어 있고
갈증난 긴 모가지만 하늘 보고 끼룩끼룩

---

* 소갈증(당뇨병): 갈증으로 인해 물을 많이 마시고 음식을 많이 먹으나, 몸은 여위고 소변량이 많아지는 병증.

내 마음은 Bulimia

내 마음은
허기진 Bulimia 환자
시간의 추를 따라
굴러가던 그리움의 늪엔
달콤한 향기도, 꿀도 말라 붙었다.

난 맛을 모르는 Bulimia
단지 입에 넣고, 가득 차면 뱉을 뿐
먹어대고, 토해 내는
본능에 충실한 단세포동물.

내 혀는 더 이상
맛을 느끼지 못하고
목적 잃은 짧은 식욕만
간간이 돌부리에 넘어진다.

---

* 폭식증 (bulimia nervosa): 지나친 다이어트의 부작용으로 생기는 폭식과 구토를 반복하는 식욕 이상 항진증.

삶이 고달프면 사랑도 고프다

땅거미가 어둑어둑
어깨를 짓눌러 오는 퇴근무렵
깊은 한숨 속에
하루가 섞여 사라진다.

신나게 춤추던 자판위에서
굳은 살 배긴 손가락 깍지 끼면
속속들이 하나인 살
부서질 듯 끌어 안고..

가까우면서도
서로 다른 글자판을 맴 도는
나의 손가락처럼
그렇게 나의 사랑도 겉도는가 보다.

파르스름 여명사이로
싸래기빛 명줄 부여잡고
엉금엉금 하루의 문을 열었다가

찬 공기속에 주섬주섬
외투의 단추를 걸어 매는 하루

그렇게 나의 사랑은 모질도록 그리운
닳고 닳은 레일위의 평행선인가 보다.

예술가곡이 된 詩

갈망의 봄

초연: 2013년 10월 25일 Arte TV 방영, Sop. 임청화

나는 네가 무심한 고목인 줄 알았다.
나는 네가 굳어 버린 바위인 줄 알았다.
불러도 목놓아 불러도 답이 없는 너를
정녕 이 세상을 버려 버린 줄 알았다.
얼마나 너를 속으로 미워했는지 모른다.
얼마나 너를 속으로 미워했는지 모른다.
그리움에 허기진 마른 가슴에 촉촉이 내리는 봄비로,
빛을 잃은 두 눈에 반짝이는 섬광으로,
저멀리 아련하게 다가오는 네 모습
내 앞에 서 있는 너는 꿈속에 갈망하던 봄이더냐
정녕 꿈속에 그리던 봄이더냐

갈망의 봄

Score

조재선 시
이안삼 곡

16

다 불 러 도 목 놓 아 불 러 도 답 이 없 는 너 —

16

Pno.

20 *mf*

를 정 녕 이 세 상 을 — 버 려 버 린

20

Pno. *mf*

23 *f*

줄 알 았 다 얼 마 나 너 를 속 으 로

23

Pno. *f*

26 *f*

미 워 했 는 지 모 른 다 얼 마 나

26

Pno. *f*

29
너 를 속 으 로 미 워 했 는 지 모 — 른 다
8va
Pno.
f
33
f
(8va)
그 리
Pno.
37
움 에 허 — 기 진 마 른 가 슴 에 촉 촉 히 내 리 는
Pno.
40
f
봄 비 로 빛 을 잃 은 두 — 눈 에 반 짝
Pno.

43
이 는 — 섬 광 으 로 저 멀 리 — 아 련 하 게 — 다 가 오
Pno.
47
는 네 모 습 내 앞 — 에 — 서 있 —
Pno.
50
는 너 는 꿈 속 에 갈 망 하 면 봄 이 더 냐 정 녕
Pno.
54
꿈 속 에 그 리 던 봄 이 더 나 —
Pno.

황혼의 숲

초연: 2014년 11월 8일, 세종 체임버홀, Bass. 전준한

뚜벅뚜벅 밤길을 달빛 따라 걸어가네
황홀했던 설레임도 새벽이슬 같은 것
가뭇가뭇 노을로 세월 따라 흘러가네
눈부신 햇살도 어둠 속에 묻히네
아득한 기억 속에 들려오는 파랑새소리
꿈처럼 머물던 젊은 날의 사랑
뚜벅뚜벅 걸어간다. 향긋한 들꽃미소
넉넉한 숲속에서 나 위안을 얻으리
뚜벅뚜벅 걸어간다. 향긋한 들꽃미소
넉넉한 숲속에서 나 위안을 얻으리
부드럽게 속삭이는 황혼의 숲이여
잔잔이 넘치는 참기쁨이어라

Score

황혼의 숲

조재선 시
이안삼 곡

Andantino ♩= 90

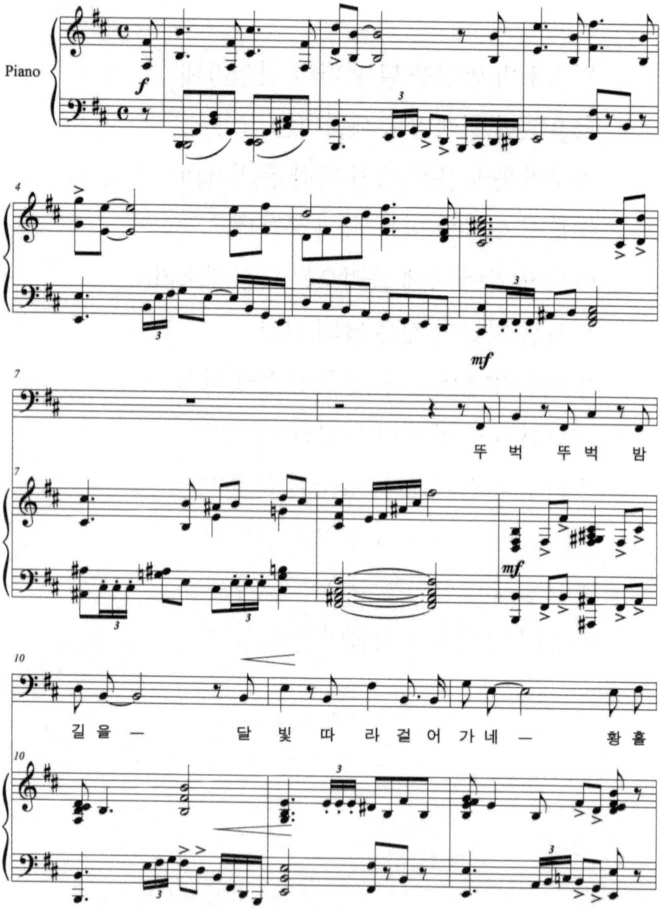

Piano

Pno.

뚜 벅 뚜 벅 밤

길 을 — 달 빛 따 라 걸 어 가 네 — 황 홀

13
했 던설 레 임 도 — 새 벽 이 슬 같 — 은 —
Pno.
16
— 것 — 가 뭇 가 뭇 노 을 로 — 세
Pno.
19
월 따 라 흘 러 가 네 — 눈 — 부 신 햇 살 도 어 둠
Pno.
23
속 에 묻 — 히 네
Pno.

아 득 한 기 억 속
Pno.
— 에 — 들 려 오 는 파 랑 새 소 — 리 — 꿈
Pno.
처 럼 머 물 던 — 젊 은 날 에 — 사
Pno.
랑 뚜 벅 뚜 벅 걷 는 다 — 향
Pno.

39
기 난 들 꽃 미 소 — 넉 넉 한 숲 속 에 서 — 나 위
Pno.
43
1. 2.
f
안 을 얻 으 리 뜨 리 부 드 럽 게 속 — 삭 이
47
— 는 — 황 — 혼 의 숲 — 이 여 잔 잔 히 넘 — 치 —
51
— 는 — 참 — 기 쁨 이 어 라 —
fff

침묵하는 동안

초연: 2014년 11월 8일, 세종 체임버홀, Ten. 이정원

그리움이 사무칠 때면 차라리 침묵하자
소리내어 흐느끼면 그대 원망할까 두려워

보고픔이 커 두 눈을 감아도 차라리 침묵하자
마음속에 새긴 그대 모습 잊혀질까 두려워

그리우면 가슴 깊이 묻고 보고프면 하늘 높이 걸어
흔들리는 바람 속에 그대 모습 그려 보자

살아 있는 동안 내게 꿈이었다면
침묵하는 동안 그대 내게 축복일 수 있게
소리 없는 저녁 노을처럼 그대에게 깊이
그대에게 깊이 물들어 보자

그대에게 깊이 그대에게 깊이
물들어 보자 아~아~아~아~아~

침묵하는 동안

Score

이 커 두 눈 을 감 아 도 차 라 리 침 묵 하 자 마 음
Pno.
속 에 새 긴 그 대 모 습 잊 혀 질 까 두 려 워
Pno.
그 리 우
Pno.
면 가 슴 깊 이 묻 고 보 고 프 면 하 늘 높 이 걸
Pno.

어 흔 들 리 는 바 람 속 에 그 대
Pno.
모 습 그 려 보 자 살 아 있 는 동 안 — 내 게 꿈 이
Pno.
었 다 면 침 묵 하 는 동 — 안 그 대 내
Pno.
게 축 복 일 수 있 게 소 리 없 는 저 녁 노 을 처
Pno.

럼 그 대 에 게 깊 이 그 대 에 게 깊 이 물 들 어 — 보
Pno.
자 그 대 에 게 깊 이 그 대 에 게 깊 이 물 들 어 — 보
Pno.
자 아 아 — — 아 —
Pno.

가을의 기도

초연: 2012년 9월 12일, 이안삼 음악여정 음악회,
프레스센터, Sop. 김민지

가을에는 낮은 목소리로 기도하게 하소서
절정에 꽃다운 마음 떨구는 단풍처럼
가을에는 산허리에 걸린 노을이 되게 하소서
산골짜기 언덕마다 붉게 타오르네

가을에는 모든 것 내주는 허수아비가 되게 하소서
넉넉한 황금빛 들판 되게 하소서
쪽빛 하늘 멀어져 간 그대 그 깊은 마음 헤아릴 길 없어
가을에는 낮은 목소리로 오래 기도하는 바람이게 하소서
가을에는 낮은 목소리로 기도하는 바람이게 하소서
가을에는 낮은 목소리로 기도하는 바람이게 하소서

가을의 기도

Score

조재선 시
이안삼 곡

서정적으로 ♩= 72

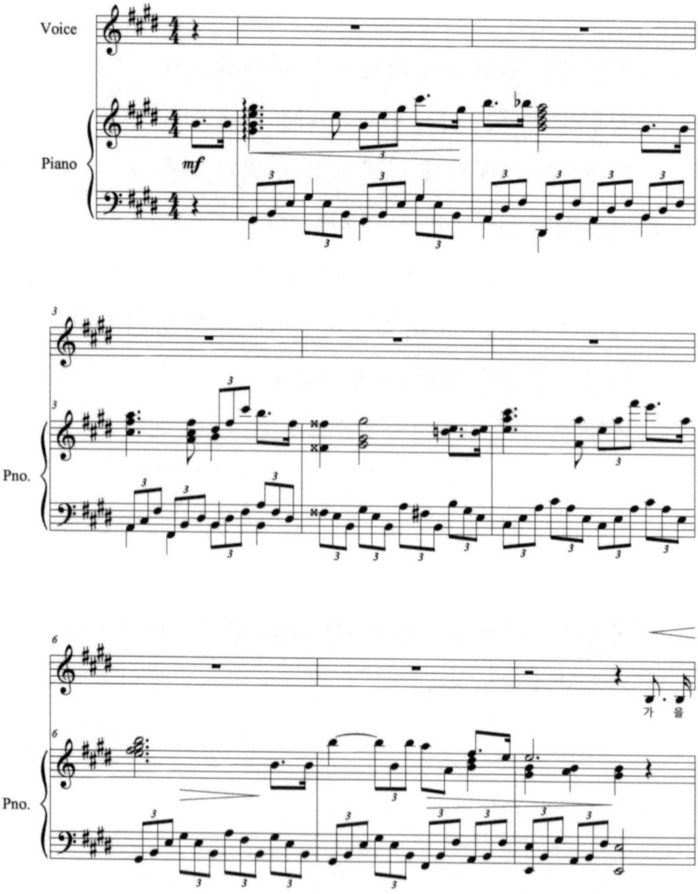

Voice

Piano

mf

Pno.

가 을

에 는 낮 은 목 소 리 로 기 도 하 게 하 소
Pno.
mf
서 절 정 에 꽃 다 운 마 음 떨
Pno.
구 는 단 풍 처 럼 가 을 에 는 산 허 리 걸 ―
Pno.

린 노 을 이 되 게 하 소 서 산 골
Pno.
짜 기 언 — 덕 마 — 다 붉 게 타 오 — 르 —
Pno.
네
Pno.

27
mf
가 을 에 는 모 든 것 내 주
27
Pno.
mf

30
는 허 수 아 비 되 게 하 소 서 넉 넉 한
30
Pno.

33
황 금 들 판 되 — 게 하 소 서 쪽 빛 하 늘 멀 어 져 간 그
33
Pno.

36
대 그 깊 은 마 음 해 아 릴 길 없 어 가 을 에
36
Pno.

39
는 낮 은 목 소 리 로 오 래 기 도 하 는 바 람
39
Pno.

42
이 게 하 소 서 가 을 에 는 낮 은 목 소 리
42
Pno.

로 기 도 하 는 바 람 이 게 하 소
Pno.
서 가 을 에 는 낮 은 목 — 소 리 로 기 도
Pno.
하 는 바 람 이 게 하 소 서 —
Pno.

겨울하늘에 띄우는 편지

초연: 2014년 4월 3일, 대구시립합창단
'내 마음의 노래' 기획공연

눈 내리는 잿빛 겨울 하늘을 보면
그대 얼굴 그리워 편지를 띄웁니다.

눈 덮인 외로운 새벽 혼자 걷는 오솔길
여윈 나뭇가지 끝에 매달린 낙엽
여윈 나뭇가지 끝에 매달린 낙엽

돌아보면 외로운 발자욱만이 나를 따라옵니다.
우리의 추억이 눈 속에 덮여서 그대 백지처럼 나를 잊어도
나 아직 그대 잊을 길 없어 겨울 하늘에 눈이 내리면
앙상한 두 팔을을 뻗어 가슴속 깊이 잠든
가슴속 깊이 잠든 그대에게 편지를 띄웁니다.

가슴속 깊이 잠든 가슴속 깊이 잠든 그대에게 편지를 띄웁니다

겨울하늘에 띄우는 편지

Score

조재선 시
이안삼 곡

덮 인 외 로 운 새 벽 혼 자 걷 는 오 솔 길 여 — 윈
Pno.
rit.
a tempo
나 뭇 가 — 지 끝 에 매 — 달 린 낙 — 엽 여 윈
Pno.
나 뭇 가 — 지 끝 에 매 달 린 낙 엽
Pno.
mp
돌 아 보 면 외 로
Pno.

34
mf
운 발 자 욱 만 이 나 를 따 라 옵 니 다 우 리 의
Pno.
37
추 억 이 눈 속 에 덮 혀 서 그 대 백 지 처 럼 나 를 잊 어 도 나
f
41
아 직 그 대 잊 을 길 없 어 겨 울 하 늘 에 눈 이 내 리
46
면 앙 상 한 두 팔 을 뻗 어 가 슴 속

4
겨울하늘에 띄우는 편지
깊 이 잠 든 가 슴 속 깊 이 잠 든 그 대 에 게 편 지
Pno.
를 띄 웁 니 다 가 슴 속 든 그 대 에 게 — 편 지
Pno.
를 띄 웁 니 다 —
Pno.

시의 생명과 감성논리

유한근(문학평론가 · 디지털서울문화예술대 교수)

1. 귀 밝은 시인의 생명성

조재선 시인은 '눈 밝은 시인' 이 아니라, '귀 밝은 시인' 이다. 이 말이 가지는 의미는 이미지를 중시하는 시인이라기보다는 시의 운율을 중시하는 시인이라는 점이다. 따라서 시집 《삶이 고달프면 사랑도 고프다》를 관통하고 있는 특징은 시의 생명이기도 한 운율성이다. 또한 이를 입증이라도 하듯이 이 시집이 여타 시인의 것과 다른 점은 가곡으로 만들어진 시 다섯 편을 말미에 수록해 놓고 있다는 점이다. 노랫말로 적당한 시는 운율성이 있기 때문이다. 낭송하기에 좋은 시맥을 같이한다. 그 시는 〈갈망의 봄〉, 〈황혼의 숲〉, 〈침묵하는 동안〉, 〈가을의 기도〉, 〈겨울하늘에 띄우는 편지〉 등이다. 이 시들은 악보와 함께 같이 소개되고 있다. 또한 가곡으로 만들어진 노래가 테너 이정원에 의해 2014년 11월 8일 세종체임버홀에서 초연되었음도 소개되고 있다. 이와는 다른 경우이기는 하지만, 잘 알려지지 않은 예로 미당 서정주 시인도 《노래》라는 시집을 묶어 가곡이나 가요로 작곡하기 좋게 운율을 중시한 시를 써 묶은 적이 있다. 이러한 노력이 시를 대중화하는 데 혹은 시와 음악과의 학제 간 연구에 귀중한 자료가 될 것이다. 가곡으로 작곡된 아래의 시 〈침묵하는 동안〉이 그 하나의 예이다.

> 그리움이 사무칠 때면 차라리 침묵하자
> 소리내어 흐느끼면 그대 원망할까 두려워
>
> 보고픔이 커 두 눈을 감아도 차라리 침묵하자
> 마음속에 새긴 그대 모습 잊혀질까 두려워

그리우면 가슴 깊이 묻고 보고프면 하늘 높이 걸어
흔들리는 바람 속에 그대 모습 그려 보자

살아 있는 동안 내게 꿈이었다면
침묵하는 동안 그대 내게 축복일 수 있게
소리 없는 저녁 노을처럼 그대에게 깊이
그대에게 깊이 물들어 보자

그대에게 깊이 그대에게 깊이
물들어 보자 아아아아아

―시 〈침묵하는 동안〉 전문

노랫말로 적합한 시는 위의 시 〈침묵하는 동안〉처럼 귀로 들어도 쉽게 그 의미가 전달되는 시이다. 시어와 시행의 반복을 통해서 운율성을 지닌 시가 적합하다. 위의 시에서 "차라리 침묵하자" "두려워"의 말운, 두운 "그대에게 깊이" 등의 반복 그리고, "~하면, ~하자"는 문장의 형태반복 등이 이 시의 운율을 살려주고 있다. 그리고 마지막 연의 "그대에게 깊이 그대에게 깊이/물들어 보자 아아아아아"는 노랫말을 위한 미학적 장치라 할 수 있을 것이다.

모든 예술이 '음악의 상태'를 지향한다고 말한 사람은 쇼펜하우어이다. 시에 있어서의 음악의 상태는 운율을 말하는 것으로 외형률과 내재율을 의미한다. 외형률은 음성적 측면에서 반복으로 이루어지고, 내재율은 이미지나 의미의 반복을 통해서 리듬과 함께 시에 나타난다. 현대시에 와서 지나치게 이미지 중시 시 일변도 진행되어 오다 보니, 시의 운율성을 간과하게 되어버렸지만, 시에 있어서 운율은 생명성과 직결된다. 인간이 호흡 없이는 생명을 유지하지 못하는 것처럼 운율은 시의 생명이다.

그러나 1914년 에즈라 파운드의 《이미지스트 시인집》이 세상이 나온 후부터 시의 운율성은 그 세력이 약화되었다. 특히 우리나라의 경우, 현대시 경향이 정형시보다는 자유시로 변모되면서 시의 운율은 간과되었다. 심상을 회화적 표상으로서의 것이 아니고, 직접적인 지(知)와 정(情)의 복합체라 규정한 에즈라 파운드의 영향이 팽배되면서 운율은 의미를 훼손시키는 시적 요소로 간주되었다. 물론 지나친 운율이 시의 의미 전달에 장애가 될 수 있고, 그 극대화로 인해 시의 무의미 공간까지 구축될 수 있다는 사실이 그것이다. 그러나 이미지와 운율이라는 시적 요소의 평형감각을 살리면 일거양득의 시가 될 것이다.

> 앙상한 가지마다 버거운 꽃망울이 벙근다.
>
> 새벽향기에 실눈을 뜨는 목련

아… 잠시 머물다 가자
이 낯선 곳에 내 곤한 영혼
어디든 무슨 상관이랴

앙상한 겨울가지마다 너불너불 초록잎새
새봄을 맞기 전 이슬처럼 머물다 가자

눈물되어 피어 있는 순백의 숨막힘
가녀린 꽃잎을 치마 삼아 둘러 친
몸 둘 곳 없는 영혼

정결한 마음 하나 높다랗게 바친다.

―시 〈목련화〉 전문

위의 시〈목련화〉는 이미지를 통해서 의미를 전달하는 동시에 시의 구조를 통해서 운율을 나타내 주고 있다. 목련은 잎이 나기 전인 4월 중순부터 핀다. 이러한 목련을 시인은 "앙상한 가지마다 버거운 꽃망울"로 인식한다. 그리고 가녀린 꽃잎을 치마 삼아 둘러 친/몸 둘 곳 없는 영혼"으로도 인식한다. 그래서 시인은 "새벽향기에 실눈을 뜨는 목련"에 자신의 "곤한 영혼"이 "잠시 머물다 가"기를 원한다. "새봄을 맞기 전

이슬처럼 머물다 가자"고 권유한다. 그것은 목련이 지니고 있는 "눈물되어 피어 있는 순백의 숨막힘" 때문일 것이다. 그래서 시인은 목련과 자신의 "몸 둘 곳 없는 영혼"을 "정결한 마음 하나"로 "높다랗게" 바쳐 걸어놓는다. 그것이 곧 목련화이다. 결국 시인의 영혼을 내재율을 통해 목련화의 정결한 마음으로 비유하고 있는 셈이다. 그리고 외형률로는 "머물다 가자"는 청유형 종결어미의 반복과 "~이랴"는 구어체 문장으로 운율을 준다. 이렇게 이 시 〈목련화〉는 '보여주기' 방식으로 이미지를 구축하고, '말하기' 방식으로 운율을 생성한다. 시 〈능소화〉도 이런 맥락의 시이다.

돌담을 감아 오른 능소화
한낮의 열기에 턱 괴고 요염을 떨더니
어느 날 님 떠나는 소리에
화들짝 돌담 위로 고개를 치켜든다.
어디쯤 가고 있을까
그 뒤태라도 남기고 싶어
가느다란 모가지 쭉쭉 내밀고
미쳐버린 아낙처럼
돌담을 따라 줄기차게 기어 오른다.
이렇게 쉬이 떠날 임이거든
이렇게 흔적 없이 떠날 임이거든

내 속속들이 배어 있는
짙은 살내음도 깨끗이 씻고 가련만

다가올 장마빗속에 홀로 살갗 찢어 씻으라
이리 말없이 떠나는가
돌담 위에 창백히 쓰러진 나를
무심한 내 님아…
한번만이라도 돌아보고 가려무나
구중궁궐 어린 후궁 버리듯
송두리째 나를 무너뜨리고 가는가
숨 막히는 여름이 다 가기 전
피고 또 피어 돌담 위에 기다릴 테니
가는 길이 혹여 녹록지 않거든
아무 거리낌 없이 슬픈 눈빛만 안고
바람처럼 달려오소서
길고 긴 여름해가 나를 녹여
나의 생각과 의지도 다 타버릴까 두려우니
정오의 해가 머리 위에 앉아 희롱하거든
지체 말고 돌아오소서 돌아오소서

–시 〈능소화〉 전문

위의 시 〈능소화〉는 말하기 방식으로 노래한 '내 님'에 대한 연가(戀歌)다. 고려가요 〈가시리〉와 김소월의

〈진달래꽃〉의 주제 전통을 잇는 사랑의 노래로, 직설적이고 능동적으로 사랑을 고백한 시이다. 이 시의 서두에서는 "돌담을 감아 오른 능소화/한낮의 열기에 턱 괴고 요염을" 떠는 것으로 인식한다. 그리고 "어느 날 님 떠나는 소리에/화들짝 돌담 위로 고개를 치켜" 들며 "어디쯤 가고 있을까/그 뒤태라도 남기고 싶어/가느다란 모가지 쭉쭉 내밀고/미쳐버린 아낙처럼/돌담을 따라 줄기차게 기어 오"르는 생명력 강한 나무로 인식한다. 뒤돌아보지도 않는 님을 시적 자아인 능소화는 자신을 송두리째 무너뜨리고 돌담 위에서 창백하게 기다린다. "가는 길이 혹여 녹록지 않거든/아무 거리낌 없이 슬픈 눈빛만 안고/바람처럼 달려오"기를 염원한다. 그리고 "길고 긴 여름해가" 자신을 녹여 "생각과 의지도 다 타버릴까 두려우니/정오의 해가 머리 위에 앉아 희롱하거든/지체 말고 돌아오"기를 소망한다. "돌아오소서"라는 청유형 종결어미의 반복으로 시의 운율뿐만 아니라, 반복을 통해 의미를 강조한다. 여기에서 "정오의 해가 머리 위에 앉아 희롱"할 때에 돌아오라고 시간을 못 박은 것은 그 시간이 "한낮의 열기에 턱 괴고 요염을 떨"수 있는 시간이기 때문이다. 그렇다면 '능소화' 라는 시적 대상은 시인 조재선의 정체성을 드러내기 위한 시일까? 시인의 자기화의 대상인가?

2. 시인의 정체성, 그 표상들

한 권의 시집에서 시인의 정체성이 드러나는 그 표상물들은 많을 수 있다. 그러나 그것들을 총체적으로 꿰뚫는 이미지나 인식은 있기 마련이다. 그것을 몇 편의 시에서 찾아보려 한다.

태왁 하나 허리춤에 달랑
인당수의 심청인 양 뛰어드는 검은 새.
검푸른 수마 속을 아슬아슬 자맥질하며
몸에 휘감기는 채찍질을 가슴으로 껴안으며
이승과 저승의 국경을 오간다.

태고 이래 해풍에 삭은 현무암은
심한 골다공증을 앓고,
바스락거리는 몸뚱이는
짭찔한 바닷물로 절이며
자린고비의 지혜를 곱씹는다.
생명을 잇기 위해
생명을 내던져야 하는 삶.
수마 속에 제 아이를 두고 온 양
곤두박질치는 검은 새, 검은 새.

—시 〈물질하는 아낙네〉 전문

위의 시 〈물질하는 아낙네〉는 태왁을 허리에 두르고 잠수하는 해녀를 '검은 새'로 비유한 시이다. 해녀가 자맥질을 할 때 가슴에 받쳐 몸을 뜨게 하는 뒤웅박인 태왁은 어떤 측면에서는 해녀의 생명선이다. 몸을 휘감는 "검푸른 수마 속을 아슬아슬 자맥질하며" 헤쳐 가는 것을 시인은 위의 시에서 "이승과 저승의 국경을 오간다"라고 표현하고 있다. 그러한 해녀의 삶을 시인은 "생명을 잇기 위해/생명을 내던져야 하는 삶/수마 속에 제 아이를 두고 온 양/곤두박질 치는 검은 새"로 인식한다. 그리고 해녀의 몸을 "심한 골다공증을 앓고 /바스락거리는 몸뚱이"를 가진 "태고 이래 해풍에 삭은 현무암"으로 비유하고, 인식한다. 그리고 그 현무암을 "짭찔한 바닷물로 절이며/자린고비의 지혜를 곱씹는" 존재로 인식하고 있다.

그렇다면 '물질하는 아낙네'인 해녀를 절약과 검소함, 그리고 인색함의 지혜를 아는 여인으로 인식하는 것일까? 그리고 해녀를 비유적으로 표상한 '검은 새'는 구체적으로 어떤 존재로 인식하고 있는 것일까? 물론 해녀의 잠수복은 대체로 검은색이며, 그 형상적인 이미지를 통해서 추측하면, '검은 새'로 연결시킬 수는 있다. 그러나 그 이미지의 연결은 명증한 의미가 없다. 이 시에서 유일한 단서는 "이승과 저승의 국경을 오간다"는 시행뿐이다. 이를 통해서 볼 때,

'검은 새' 는 '저승사자' 를 의미하는 것으로 볼 수 있는데, 해녀를 저승사자로 연결시킬 수 있는 감성적 논리, 그 근거가 없다. 따라서 해녀를 저승사자로 인식하는 것 보다는 삶과 죽음을 초월하는 존재로 보아야 할 것이다.

폭풍 속 태양도 진이 빠져
서산 아래 쓰러진 틈새

어둠 타고 숨어든 나의 별 하나
그 아득한 그리움의 형벌 속에서
살가운 알을 깨고 나오기까지

영원한 사랑은 영원한 고통
영원한 고통은 영원한 희망

숨 저리는 아픔은
내일로 이어질
내 사랑의 희망이 된다.

살아가는 동안
함께할 수 없음에
절망의 슬픔을 주고,

살아가는 동안
삶의 의미를 심어주니
희망의 기쁨이 되는 그대

머언 그리움의 나라
그 발그레한 알 속에
홀로 사투를 벌이는
그대는 나의 아브락사스

선악의 경계도 모호한
혼돈의 세상
질식할 것같은 폭염의 열기 속
나는 神에게로, 神에게로 간다

—시 〈나의 아브락사스(Abraxas)〉 전문

위의 시의 키워드는 아브락사스(Abraxas)다. 아브락사스는 헤르만 헤세의 〈데미안〉에 나오는 새의 이름이며, 신의 이름이다. "새는 알을 깨고 나온다. 알은 세계다. 태어나려는 자는 한 세계를 파괴해야 한다. 새는 신에게로 날아간다. 그 신의 이름은 '아브락사스'이다."라는 〈데미안〉의 구절이 그것이다. 신비주의적 전일성을 상징하는 존재이다. 희랍의 신화에서 아브락사스의 이미지는 수탉 머리 모습, 몸은 인간, 다리는 뱀의 모습을 한 신으로 형상화된다. 희랍인들은 이러한 형상을 돌에 글자나 무늬를 새겨 부적으로 삼았다고 한다. 그것처럼 세계 2차 대전 당시 독일군들은 배낭 속에 부적처럼 〈데미안〉을 넣고 다녔다는 일화가 있다.

〈데미안〉은 '에밀 싱클레어의 이야기' 라는 부제가 붙은 소설로, 전쟁으로 인해 외상과 내상을 입은 싱클레어가 연상의 친구인 데미안의 도움으로 그 좌초 상황에서 벗어나는 이야기를 그리고 있다. 그렇다면 싱클레어를 정신적인 내상에서 벗어나게 한 존재, '알에서 깨어 나오게 하는 힘' 의 정체는 데미안이다. 알이 깨질 때는 외부에서 그것을 도와주는 보이지 않는 힘이 있다는 것이다. 그런데 그 힘과 균형 있게 소통하지 않으면 온전한 생명은 탄생하지 않는다는 것을 〈데미안〉에서 헤세는 말하고 있다. 그런데 아이러닉하게 데미안은 데몬(Dmon)의 동의어로 '악마에게 홀린 것' 이라는 의미를 갖고 있다. 그러니까 데미안이라는 존재는 악마에게 홀린 존재인 것이다. 아브락사스와 같은 존재인 셈이다. '신적인 것과 악마적인 것을 결합시키는 상징적 과제를 가지고 있는 신성' 과 같은 존재인 것이다. 이러한 배경 지식을 갖고 위의 시를 접하면 쉽게 이해할 수 있을 것이다.

위의 시 〈나의 아브락사스(Abraxas)〉에서 '그대' 는 시인이 사랑하는 존재인 아브락사스이다. 그 존재가 특정한 존재일 수도 있고 아닐 수도 있다. 특별하게 사랑하는, 사람일 수도 있고 그 무엇, 즉 문학일 수도 있다. 이런 개연성은 충분하다. 그러나 분명한 것은 '그대' 라는 존재는 아픔과 절망의 슬픔을 주기도 하지만, "살아가는 동안/삶의 의미를 심어주"고 "희망의 기쁨이 되는" 존재이다. 그리고 "영원한 사랑은 영원한 고통/영원한 고통은 영원한 희망"이라는 사실을 인식하게 해 주는 존재이기도 하다.

또한 "머언 그리움의 나라/그 발그레한 알 속에/홀로 사투를 벌이는" 존재인 아브락사스는 시인의 아브락사스이다. "선악의 경계도 모호한/혼돈의 세상"인 우리 세상, "질식할 것 같은 폭염의 열기 속"인 것으로 시인은 이 사회를 인식하고, "신(神)에게로 신(神)에게로 간다"고 노래한다. 아브락사스에게로 찾아간다고 노래한다.

그렇다면 이 시를 통해서 볼 때, 시인 조재선의 정체성은 '싱클레어' 와도 같은 존재일까. 그럴지도 모른다.

황홀한 시간이 저물고 있다.
가지런이 놓인 숲 속 오솔길
총총이 걸어가는 내 발길에

붉은 황혼 등불처럼
어서 오라 인도한다.

눈부신 기쁨도, 간절한 소망도
옷자락에 묻은 새벽이슬 같은 것

사랑스런 새소리
평온한 들꽃의 미소
은신처에 녹아드는 햇살
목마른 내게
언제나 빙그레 웃어주는 작은 옹달샘
모두 나를 키워 주는 자양분이라

그 숲을 지나는 동안
발효되어 풍만해진 생각
나는 어느새 중년이 된다.

빛줄기 피어 오르는 가지 사이로
성큼성큼 걸어 올 어둠을 끌어안고
목 놓아 슬피 울어 줄 넉넉한 숲이 된다.

–시 〈젊은 날의 숲〉 전문

위의 시 〈젊은 날의 숲〉은 자신의 젊은 날을 키워준

이미지를 숲에서 탐색하고, 자신의 정체성을 "목 놓아 슬피 울어줄 넉넉한 숲"으로 인식한 시이다. 시인은 이 시에서 자신을 "키워주는 자양분"을 "저무는 황홀한 시간", "가지런이 놓인 숲 속 오솔길", "새벽 이슬", "사랑스런 새소리/평온한 들꽃의 미소/은신처에 녹아드는 햇살/목마른 내게/언제나 빙그레 웃어주는 작은 옹달샘"으로 인식한다. 그로 인해 "그 숲을 지나는 동안/발효되어 풍만해진 생각"이 되었고, "어느새 중년이" 되어 "성큼성큼 걸어 올 어둠을 끌어안고/목 놓아 슬피 울어 줄 넉넉한 숲이" 되었다고 노래한다. '넉넉한 숲' 으로 인해 "성큼 성큼 걸어올 어둠", 그것이 고통이든 절망이든 아니면 죽음이든 그것과 화해하고 초월할 수 있는 지혜의 존재임을 환기하고 있다.

토속적이고 지극한 사랑을 노래한 시 〈홍시〉에서는 "눈먼 사랑/하늘의 전등되어/깜빡깜빡 신호 보내면//동지섣달/님의 아랫목에서/달큰한 사랑으로/가슴 열어 주는 너"로 홍시를 인식한다. 이미지가 명증하다. 그 인식은 시인 자신에 대한 인식일 수 있다. 자신의 정체성을 '홍시' 라는 사물의 인식을 통해 드러낼 수도 있다는 말이다. 시 〈겨울나무의 반추〉에서 시인은 자신을 외롭게 "빈 들에 오돌오돌 떠는 겨울나무"로 인식한다.

또한 시 〈한 번쯤 일탈을 꿈꾸며〉에서는 첫 연 "당신은 하늘의 사냥꾼/나는 잘 길들여진 말"로, 하늘의 사냥꾼인 당신으로부터 "한 번쯤 일탈을 꿈꾸는 당신의 말"로 인식한다. 그리고 시 〈자화상〉에서는 다분히 자신을 자조적인 톤으로 표현하면서, "꿈인지 생시인지 모를 현실 속에/피안의 공간으로 들락거리는 영혼/허물 벗는 순간 빛으로 사라질/무표정한 여인이 쓴 웃음 웃고 있"(시 〈자화상〉 끝연) 는 여인으로 인식한다. 시 〈전철스케치〉에서는 전동차를 타고 바쁘게 사는 무표정한 사람들을 물끄러미 바라보는 "낯익은 얼굴 하나/방향을 잃은 나침반처럼 심하게 흔들거"리는 존재로 자신을 인식하고도 있다.

이렇듯 조재선 시인은 "한 번쯤 일탈을 꿈꾸며, 시에 울고 시에 웃는 삶" 속에서 자신의 정체성을 신화적 상상력과 자연친화적 상상력, 그리고 종교철학적 상상력으로 파악하려 하고 있다. 그리고 그것들을 여러 모습으로 표상하고 있다.

3. 그리움이라는 감성 논리

시인은 끊임없이 무엇인가를 그리워한다. 처음에는 감성적인 더듬이로 그것을 탐색하지만 나중에는 지성적 더듬이로 그 그리움의 정체를 탐색한다.

루마니아의 부조리 철학자인 에밀 시오랑은 이렇게 말한 바 있다. "나이가 들수록 쇠퇴하는 것은 절망하는 힘이다"라고. 이 말이 시사하는 바는 많다. 절망은 무력(無力)상태인데도 불구하고 그것을 우선 '힘' 으로 보았다는 점과 '쇠퇴한다' 는 사실이 함유하고 있는 의미가 부정적인 것만이 아니라는 사실이다. 젊음의 절망은 치명적이다. 그것이 목숨을 앗아갈 수 있다. 그러나 나이 들수록 그 절망에 길들여지고, 그것을 대적할 수 있는 힘도 생기고 마음의 평안까지도 가질 수 있게 된다. 그러한 사실을 에밀 시오랑은 절망하는 힘의 쇠퇴로 보았다.

이 논리에 따라 그리움의 문제를 대입해 볼 때, 나이가 들수록 쇠퇴하는 것은 그리움의 힘이다. 그리움도 하나의 '힘' 이다. 시인에게 있어서 그리움은 시를 쓰게 하는 상상력이다. 그 원동력이다. 이 점을 이해하고, 아래의 시 〈내 그리움은 녹슬지 않는다〉를 보자.

피고 지는 계절의 윤회 속에
섞이지 않는 기름방울

둥둥 떠다니며 유랑하는
그리움의 방울

세찬 바람의 멱살잡이도
거친 파도의 으르렁대는 소리도
도드라지게 커 가는
나의 그리움을 막을 수 없으니

하늘이 붉게 물들다 칠흑이 되어도
새벽녘 새파란 속마음은 숨길 수 없듯
내 그리움의 색도 그럴 것이다

어느 적막한 삶의 벤치에 앉아
숨을 고르며
그 달라붙은 세월의 독을
손 시리도록 닦아낼 것이다

한 줌의 눈물
별이 되어 하늘에 박힐 때까지

–시 〈내 그리움은 녹슬지 않는다〉 전문

시인은 위의 시에서 "피고 지는 계절의 윤회 속에/섞이지 않는 기름방울//둥둥 떠다니며 유랑하는/그리움의 방울"로 자신의 감성을 인식한다. 그런데 그것은 '세찬 바람', '거친 파도'에 오히려 꺾이지 않고 커 가기만 한다. 그리고 "하늘이 붉게 물들다 칠흑이 되어

도/새벽녘 새파란 속마음은 숨길 수 없듯" 시인의 그리움의 색은 본래의 모습을 잃지 않는다는 것이다. 그리고 그 그리움의 색이 세월의 독에 녹슬지 않도록 "숨을 고르며" "손 시리도록 닦아낼 것이"라는 것이다. "한 줌의 눈물/별이 되어 하늘에 박힐 때까지" 그리하겠다는 의지를 보여준다. '한 줌의 눈물' 이 상징하는 바 슬픔, 절망, 어둠이 하늘의 별로 박혀 반짝일 때까지 시인의 그리움, 그 감성을 잃지 않겠다는 것이다.

그러나 "삶이 고달프면 사랑도 고"픈 것처럼 시인의 감성은 쇠퇴될 수 있다.

땅거미가 어둑어둑
어깨를 짓눌러 오는 퇴근무렵
깊은 한숨 속에
하루가 섞여 사라진다.

신나게 춤추던 자판위에서
굳은 살 배긴 손가락 깍지 끼면
속속들이 하나인 살
부서질 듯 끌어 안고..

가까우면서도

서로 다른 글자판을 맴 도는
나의 손가락처럼
그렇게 나의 사랑도 겉도는가 보다.

파르스름 여명사이로
싸래기빛 명줄 부여잡고
엉금엉금 하루의 문을 열었다가
찬 공기속에 주섬주섬
외투의 단추를 걸어 매는 하루

그렇게 나의 사랑은 모질도록 그리운
닮고 닮은 레일위의 평행선인가 보다.

—시〈삶이 고달프면 사랑도 고프다〉 전문

위의 시 〈삶이 고달프면 사랑도 고프다〉의 제목이 의미하는 바는, 시인이 삶과 사랑을 등가치로 인식하고 쓴 시로 보인다. 사랑이 곧 삶이고, 삶이 곧 사랑이라는 등식이 그것이다. 삶=사랑이라는 등식은 오해를 불러올 수 있다. 사랑이 없으면 삶도 없다는. 그러나 이 시는 그런 의미보다는 삶이 고달프면 사랑이 부재한다는 의미에 가까운 것으로 보인다.

이 시의 은유 구조는 '글자판'과 '단추'다. 3연의 "가까우면서도/서로 다른 글자판을 맴 도는/나의 손가락처럼/그렇게 나의 사랑도 겉도는가 보다”에서 사랑의 엇갈림, 비켜감, 그리고 “레일위의 평행선”을 시인은 “모질도록 그리워”한다. 그립고 모진 삶처럼. 그러나 삶은 “닳고 닳은 레일위의 평행선”처럼 ‘윤리적 실존’적으로 반복되고, 그렇게 “깊은 한숨 속에” “섞여 사라”지는 하루를 시인은 “찬 공기속에 주섬주섬/외투의 단추를 걸어” 맨다. 우리 인간은 키에르케코르가 말한 ‘윤리적 실존’이기 때문이다. 출근하고 밥 먹고 일하고 퇴근하고 자는 실존들이다. 그런 실존들은 사랑을 모질게 그리워도 사랑은 없다.

‘운명의 힘’에 의해 “짙게 드리워진 슬픈 그림자”처럼 “허공에 맥없이 부서지는” 시인. “서늘하고 비릿한 바람냄새” “그 속에 가물거리는 낯익은 향기” “스륵스륵/여린 풀잎 빨아대는 풀벌레들” 그리고 “초연한 구름 한 점”까지도 “까마득히 머언 고공 속에/헛웃음으로 사라지는” 존재 같은 시인이 “어디로 가고 있나”(시 〈운명의 힘〉에서)를 끊임없이 의혹하면서도 더 빛나는 그리움으로 가꾸겠다는 시적 의지는 이 시집에 수록된 시 곳곳에서 나타난다.

하늘은
시퍼렇게 멍이 들어
퀭한 눈빛만 번쩍이고

숲 속 가지마다
흐느낀 피울음
한 잎 두 잎 나풀댄다.

만개하여
노쇠해버린 들국화
힘없이 고개 떨구는 언덕

한가로이 오솔길 거니는
할 일 없는 노파는
중얼대는 바람의 넋두리에 귀를 대고
따갑게 쏘아보는 햇살 한 줌에
눈싸움을 걸어 본다.

붉게 드러누워
곤히 잠든 노을 위로
가을 그림자가 짙다.

—시 〈가을소묘〉 전문

시 〈가을소묘〉는 수채화와도 같은 소품이다. 그러나 수채화 같은 아름다움 속에는 치열하고 치명적인 아픔이 배어나오고 있다. 시퍼렇게 멍든 하늘은 "퀭한 눈빛만/번쩍"이고, 숲 속 가지들은 한 잎 두 잎 "흐느낀 피울음" 으로 나풀댄다는 첫 연의 가을 풍경 묘사는, 기존의 아름답게 표현되고 있는 가을과는 변별성이 있다. 단풍들어 떨어진 나무들 가지 사이로 보이는 가을 하늘의 묘사를 절망적으로 그리고 있다. 그것은 그 다음 연에 그려지는 들국화와 노파의 이미지 때문이다. 활짝 펴 시든 들국화, "힘없이 고개 떨구는 언덕" 그리고 "중얼대는 바람의 넋두리에 귀를 대고/따갑게 쏘아보는" 햇살과 눈싸움하는 노파. 이러한 이미지들은 무력하고 무료한 풍경들이다. 그리고 처절하고 아프게 느껴진다. 그리고 마지막 연에서 보여주고 있는 편안함을 느끼게 해주는 저녁 노을 이미지는 오히려 '가을소묘' 를 인상적이게 해준다. 이러한 감성은 시정신이 치열하지 않으면 나올 수 없다. 삶에 대한 진정성 있는 사유 없이는 가능하지 않은 감성이다.

이 시에서 3연의 '할 일 없는 노파' 의 이미지가 시인 자신의 선험적 인식에서 나온 것이라는 생각이 드는 것은 그 노파의 '녹슬지 않은 그리움' 이란 감성이 행간에서 보이기 때문이다.

먹어도 먹어도 허기진 생각 하나
마셔도 또 마셔도 마시고픈 고집 하나
눈 뜨면 헛깨비 같은 환자 하나 서 있다.

힘겨운 한 계단을 오르면 또 두 계단
숨 고르는 짧은 호흡 노예 같은 긴 침묵
빈 잔에 채울 길 없는 밑 빠진 먼 그리움

찬바람 불어오는 立春의 길목에도
꿈꾸던 꽃향기는 땅속에 얼어 있고
갈증난 긴 모가지만 하늘 보고 끼룩끼룩

– 시 〈소갈증〉 전문

위의 시 〈소갈증〉은 "빈 잔에 채울 길 없는 밑 빠진 먼 그리움"을 모티프로 하고 있다. 이 시에서 조재선 시인은 자신을 "눈 뜨면 헛깨비같은 환자"로 인식한다. 그 환자는 소갈증 환자다. 갈증 때문에 물을 많이 마셔도 목 마르고, 음식을 많이 먹어도 몸이 여위는 당뇨를 앓고 있는 소갈증 환자로 자신을 인식한다. 이 시에서 물과 음식에 해당되는 시어는 '생각' 과 '고집' 이다. 그리고 그 총체적인 시어는 '그리움' 이다. 그리움은 그리워할수록 더욱더 소갈증을 느끼게 한다는 시인의 감성 논리가 이 시 속에는 있다.

나는 대학에서든 사회교육기관에서든 문학을 공부하는 사람들에게 강조하는 것이 있다. 그것은 사고와 정서가 경직되는 것을 경계하라는 말이다. 그것을 실현하기 위해서는 그리움이라는 정서가 감기 몸살을

하게 하고, 치명적으로 아프게 해도 그것을 회피하지 말라는 말을 자주 하곤 한다. 그리움의 대상이 추상적이든 아니면 구체적이든 간에 그것을 가질 때, 우리는 그것을 성취할 수 있는 '힘' 을 갖게 된다는 말도 덧붙인다. 그 힘은 그리움이라는 정서를 잃지 않는 한 내재되어 있다. 그 내재성은 어느 순간에 폭발하게 된다. 그 순간을 위해 그 정서가 퇴색하지 않도록 괴롭혀야 한다는 말도 첨언하곤 한다.

이와 같은 맥락에서 시 〈소갈증〉을 읽을 때, 그 이해도는 높아질 것이다. 특히, 이 시의 끝 3행 "찬바람 불어오는 立春의 길목에도/꿈꾸던 꽃향기는 땅속에 얼어 있고/갈증난 긴 모가지만 하늘 보고 끼룩끼룩"의 경우가 그러하다. 혹독하게 추운 겨울 동안 땅속에 얼어 있는 '꿈꾸는 꽃향기' 가 입춘의 길목에서 모가지를 내놓고 하늘을 보려 하는 그 소갈증은 바로 그리움 때문에 생기는 병(?)이기 때문이다.

시에 있어서의 '소갈증' 은 새로운 시에 대한 도전 의지라는 생각이 든다. 시인은 정신적인 새로운 영역을 개척하기 위해 부단히 도전한다. 그것이 곧 창작행위이기 때문이다. 기존의 것에 만족하지 않고 끊임없이 일탈하려고 한다. 기존의 영역을 해체하고 새로운 문학적 패러다임으로 새 공간을 구축하기 위해 도전한다. 그러한 소갈증을 조재선 시인은 지니고 있다는 점에서 그의 시세계가 어떻게 변할지 우리는 지켜봐야 할 것이다. 자명한 것은 그의 시를 조야하게나마 일별하면서 그 가능 지평을 볼 수 있다는 사실이다. '귀 밝은 시인' 에서 '눈 밝은 시인' 으로 변모하고 있으며, 이제는 '머리 맑은 시인' 으로 나아가고 있다는 것이 그것이며, 시의 생명성과 감성논리를 가지고 있다는 점이 그것이다.

조재선 두 번째 시집

삶이 고달프면 사랑도 고프다

인쇄 2015년 11월 5일
발행 2015년 11월 11일

지은이 조재선
발행인 서정환
펴낸곳 신아출판사
주소 전북 전주시 완산구 공북 1길 16(태평동)
전화 (063) 275-4000, 252-5633
팩스 (063) 274-3131
이메일 sina321@hanmail.net
출판등록 제465-1984-000004호
인쇄 · 제본 신아출판사

ISBN 979-11-5605-272-2 03810
값 10,000 원

「이 도서의 국립중앙도서관 출판예정도서목록(CIP)은 서지정보유통지원시스템 홈페이지(http://seoji.nl.go.kr)와 국가자료공동목록시스템(http://www.nl.go.kr/kolisnet)에서 이용하실 수 있습니다.(CIP제어번호: CIP2015030205)」

Printed in KOREA